HALTESTELLE POING

Über die Autorin:

Carolina Phillips, Biologin, verheiratet und Mutter von zwei Kindern, gilt in ihrer Gemeinde Poing (Landkreis Ebersberg) als sehr engagierte Flüchtlingshelferin.

Ende 2013 hat sie das Asylprojekt in Poing initiiert, weiterentwickelt und geleitet. Ziel des Projekts war und ist es das Leben und die Integration der Flüchtlinge in der Gemeinde zu erleichtern.

Dank ihres multikulturellen Hintergrunds und einer Vielzahl von Reisen lässt sich Carolina schnell für neue Leute, Kulturen und Sprachen begeistern. Leidenschaft und Freude sind für sie ein unverzichtbarer Bestandteil ihrer Arbeit.

Sie ist davon überzeugt, dass Verständnis und Toleranz die Welt zu einem besseren Ort machen.

Von Carolina Veranen-Phillips sind bereits erschienen:

Mint Tea to Maori Tattoo! ISBN 9780755214730 (auf Englisch)

HALTESTELLE POING

Die Asylbewerber und ich

– eine Leidenschaft –

Carolina Veranen-Phillips

Bibliografische Information der Deutschen Nationalbibliothek: Die Deutsche Nationalbibliothek verzeichnet diese Publikation in der Deutschen Nationalbibliografie; detaillierte bibliografische Daten sind im Internet über dnb.dnb.de abrufbar.

Printed in Germany

Herstellung und Verlag:
BoD-Books on Demand, Norderstedt
ISBN: 978-3-7412-1034-1

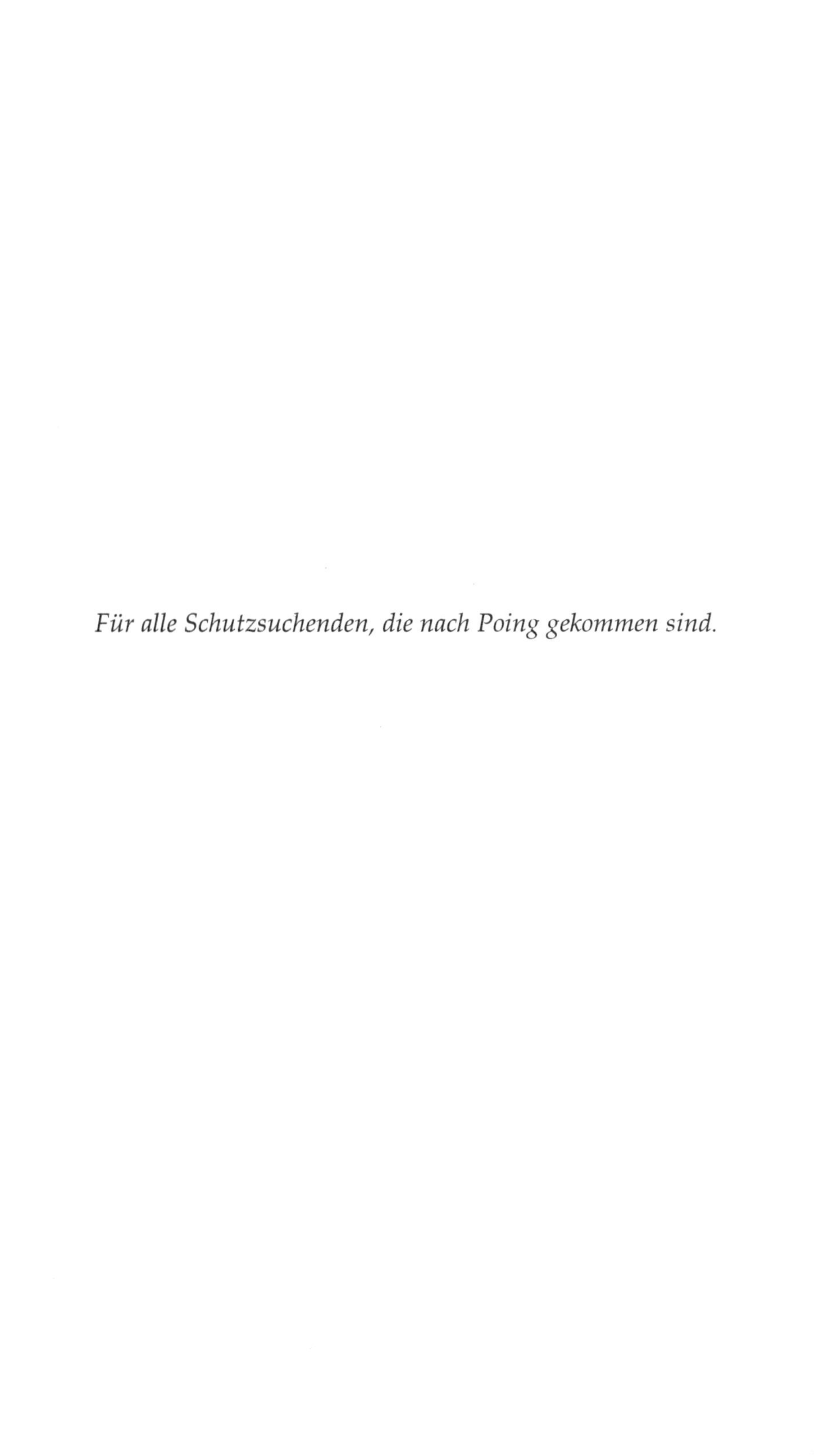

Für alle Schutzsuchenden, die nach Poing gekommen sind.

Ein großes Dankeschön an alle Helferinnen und Helfer, die an mich geglaubt und mich unterstützt haben. Ohne euch hätte ich das alles nicht schaffen können.

Ich danke meiner Familie für ihre Geduld sowie Gabriele Keller und Judith Schwandner für ihre Unterstützung bei meinem Buchprojekt.

Die Namen der handelnden Personen wurden, bis auf die Autorin Carolina Phillips und Frau Ismair, die ihre Erlaubnis gegeben hat, aus Gründen der Sicherheit und des Identitätsschutzes geändert.

Inhaltsverzeichnis

Vorwort

Mein erster Gedanke war, als ich den Titel des Buches gelesen habe, was bedeutet der Begriff Haltestelle Poing überhaupt.

Ich meine Haltestellen sind wichtige Meilensteine für unser Leben. Ohne diese wären wir wohl oftmals orientierungslos und unsicher. Jeder von uns, braucht seine persönlichen Haltestellen, um seinen Weg zu gehen.

Viele Schutzsuchende haben ihre Heimat verlassen und sind monatelang auf der Suche nach einem sicheren Aufenthaltsort. Einige Hunderte von ihnen, sind auf ihrer Flucht in Poing gestrandet, wo sie zum ersten Mal eine sichere Unterkunft, ihre Haltestelle gefunden haben.

Hier wurden sie von Carolina Phillips erwartet, die ehrenamtlich im Familienzentrum tätig ist und sich frühzeitig mit ihrem Helferkreis auf die Ankunft der Flüchtlinge vorbereitet hat.

Dank ihrer weit über das Maß hinausgehenden Einsatzbereitschaft und Empathie, ihrer Kreativität und der von ihr initiierten Projekte im Familienzentrum, ist die Gemeinde für viele Asylsuchende zur sicheren Haltestelle auf ihren Weg aus der Gefahr in ein neues Leben geworden. Es ist ihr Interesse an anderen Kulturen und ihre Neugierige was sie antreibt, den Neuankömmlingen zu helfen. Ein wahrer Glücksfall für unsere Gemeinde.

Stellvertretend für die vielen Helferinnen und Helfer danke ich Carolina Phillips für ihr engagiertes Handeln bei der Bewältigung dieser großen gesellschaftlichen Herausforderung.

Ihnen, liebe Leser, verspreche ich schöne und traurige Momente beim Lesen dieses Buches. Ich hoffe, ihre Neugierde auf das Andere wird durch dieses Buch geweckt, und sie haben viele Ideen bei der Entwicklung von Hilfs- und Integrationsangeboten für Schutzsuchende, wo immer diese Hilfe gebraucht wird.

Albert Hingerl

Erster Bürgermeister

I Wie alles begann ...

Sie sind da

Februar 2014. Der Anruf kam überraschend. Die Information, die mir Thomas Gerck darin zukommen ließ, nicht. Der Journalist des Münchner Merkur teilte mir mit, was ich erwartet hatte:

„Hallo Frau Phillips, vielleicht wissen Sie es bereits, aber ich wollte Ihnen sagen, dass die ersten Flüchtlinge da sind. Sie sind sogar schon in Poing. Seit gestern."

Nachdem ich aufgelegt hatte, spürte ich, wie mein Herz im Rhythmus zu meinen Gedanken klopfte: Wie viele sind es? Wie geht es ihnen? Was haben sie durchgemacht? Unendlich viele Fragen schossen mir durch den Kopf, aber ich hatte nur wenige Antworten. Ich wusste, es waren vier und sie kamen aus Pakistan. Mehr Informationen gab es im Augenblick nicht.

Ich habe gewartet. Sehr lange habe ich auf ihre Ankunft gewartet. Ich habe mich darauf vorbereitet, zur Stelle zu sein. Um zu helfen.

Sie waren also hier. Vier Männer aus Pakistan, die ersten Asylbewerber in Poing. Nun sollte ich sie treffen. Aber wie kann ich sie erreichen? Kann ich einfach so hingehen und sie besuchen? Oder brauche ich eine Genehmigung der Gemeinde? Wo wohnen sie überhaupt? Informationen und Kontakte waren gefragt, ich hatte aber weder das eine noch das andere.

Alles begann im August 2013. Der Bürgermeister von Poing hatte seine Gemeinde zu einem Einführungsabend rund um das Thema Asyl eingeladen. Die Situation der Asylbewerber in Deutschland sollte erläutert sowie die Auswirkungen auf die Stadt Poing dargestellt werden. Aufgrund der stetig steigenden Zahl der Asylsuchenden in Europa wurde erwartet, dass auch Deutschland den Zuwachs zu spüren bekommen würde. Seit 2011 hatte sich die Anzahl der Asylsuchenden in der Bundesrepublik um circa 50 Prozent jährlich erhöht. 2013 waren es 127.000 Asylantragsteller. 2015 wurden laut des Bundesamts für Migration und Flüchtlinge (BAMF) 425.035 Asylanträge entgegengenommen.

Nicht nur Großstädte wie Berlin, Frankfurt oder München sollten bei der Aufnahme der Asylbewerber einbezogen werden, auch Städte und Dörfer um diese Ballungszentren herum wurden dazu aufgefordert, einen kleinen Anteil der Asylbewerber aufzunehmen.

Poing ist eine kleine, junge Stadt mit 15.000 Einwohnern östlich von München, im Landkreis Ebersberg. An diesem ersten Treffen zum Thema Asyl nahmen etwa 20 Interessenten aus dem Ort teil. Der Bürgermeister und die Vertreter des Landratsamtes (LRA) aus Ebersberg versuchten mit Fakten und Zahlen die Möglichkeiten der Asylsuchenden in unserem Landkreis zu erklären und Prognosen zu erläutern. Das eigentliche Ziel des Abends war jedoch Unterbringungsmöglichkeiten in Poing zu finden, um überhaupt Flüchtlinge aufnehmen zu können.

An diesem Abend lernte ich Bettina Ismair kennen. Diese Begegnung war sehr bereichernd für mich und eine Triebfeder für mein weiteres Tun. Sie hatte schon vor Jahren ein Projekt für Kinder mit Migrationshintergrund ins Leben gerufen, „Offenes Haus – Offenes Herz". Einmal pro Woche öffnen Frau Ismair und ihre Mitstreiter ihre Häuser bzw. ihre Wohnungen für zugewanderte Menschen und lassen sie für einige Stunden ein Teil ihrer Familie werden. Im Laufe des Abends konnte ich an Frau Ismairs Äußerungen und Diskussionsbeiträgen ihre große Erfahrung im Umgang mit Migranten erkennen. Sie faszinierte mich und ich wollte mehr über ihre Arbeit erfahren. Also ging ich auf sie zu und wir konnten uns einige Zeit sehr intensiv unterhalten. Sie hatte ganz allein ein grandioses Projekt gegründet und damit das Leben vieler Kinder verändert, wie auch das Leben ihrer Familien. Sie inspirierte mich etwas Ähnliches in Poing zu tun. Obwohl ich nicht genau wusste, inwieweit ich mich involvieren lassen wollte, war ich entschlossen etwas zu tun. Meine Entschlossenheit und einige Kontakte über das Familienzentrum in Poing waren alles, was ich hatte.

Ich weiß nicht, wie die Vertreter des Landratsamtes, geschweige denn der Bürgermeister, sich am Ende des Abends fühlten. Mir war nicht klar, ob sie mit den Reaktionen der Bürger zufrieden waren oder nicht.

Aber ich weiß, dass dieser Abend etwas in mir ausgelöst hat, eine Art von Erwachen. Es ist einfach passiert. Als ich das Treffen verließ und nach Hause fuhr, war mir klar, dass ich helfen wollte. Es fühlte sich richtig an. Es fühlte sich gut an einfach darüber nachzudenken. Und ich wusste, dass es in diesem Augenblick die richtige Entscheidung für mich war. Ich ahnte jedoch nicht in welchem Ausmaß dies mein Leben beeinflussen würde.

Jetzt waren wir im Februar 2014 und da standen sie, unsere ersten vier Asylbewerber, sie waren in Poing angekommen. Seit dem ersten Treffen mit dem Bürgermeister waren schon fast sechs Monate vergangen. Diese Zeit hatte ich gut genützt, um mich langsam auf die neue Situation einzustellen und Vorbereitungen zu treffen. Ich war sehr froh, dass mich Herr Gerck über die Ankunft der Asylsuchenden informiert hatte. Es ist nicht leicht sich als Neuankömmling allein in der Gemeinde zurechtzufinden.

Thomas Gerck vom Münchener Merkur hatte ich das erste Mal bereits vor längerer Zeit im Familienzentrum von Poing getroffen. Für Neuankömmlinge ist das Familienzentrum eine Einstiegsmöglichkeit, um mit der Gemeinde in Kontakt zu kommen, so auch für mich. Dort gab es mehrmals in der Woche den „Café-Treff", ein guter Ort um neue Menschen zu treffen und Freunde zu finden. Ich fühlte mich hier sofort willkommen und konnte mich mit anderen Müttern, denen es wie mir ging, austauschen und wichtige Tipps bekommen. Wenn ich das Café nicht entdeckt hätte, wäre mein ganzes freiwilliges Engagement für Flüchtlinge gar nicht möglich gewesen.

Später setzte ich mich wieder mit Herrn Gerck in Verbindung, um ihn über eine Wohltätigkeitsveranstaltung, die ich im Namen des Familienzentrums im Februar 2014 vorbereitet hatte, zu informieren. Es ging darum, Geld für die zukünftigen Asylbewerber zu sammeln. Die Veranstaltung fand eine Woche vor der tatsächlichen Ankunft der Flüchtlinge statt, was wir zu diesem Zeitpunkt jedoch nicht wussten. Thomas Gerck hatte uns für dieses Ereignis einen Fotografen geschickt, um alles zu dokumentieren. Dies war mit ein Grund, warum er mich am Tag nach der Ankunft der Asylbewerber anrief: Er wollte mit mir über seinen Artikel zur Wohltätigkeitsveranstaltung sprechen. Ohne seinen Anruf hätte ich nicht so prompt von der Ankunft der ersten Schutzsuchenden in Poing erfahren.

Ich wollte nun nur noch eines, die Asylbewerber aufsuchen und kennenlernen. Ich hatte erfahren, dass Frau Marie

Berg von der Poinger Tafel die Flüchtlinge in der Gemeinde angemeldet hatte. Ich kannte Frau Berg nicht. Ich wusste zu diesem Zeitpunkt nicht einmal, was die Tafel ist. Es war jedoch nicht schwierig, die Nummer von Frau Berg herauszufinden. Also rief ich sie an und war dann etwas enttäuscht, weil sie nicht sofort ans Telefon ging. Ich hinterließ ihr eine Nachricht. Bereits 30 Minuten später klingelte mein Handy. Es war Frau Berg: „Guten Morgen Frau Phillips. Sie haben mich angerufen." Ich war angenehm überrascht ihre Stimme zu hören. Rasch erklärte ich ihr meine Lage und erzählte ihr, dass ich zum Vorstand des Familienzentrums gehöre und sehr gerne ein Asylprojekt auf die Beine stellen würde. Dazu müsste ich die Flüchtlinge aber treffen. Ob Frau Berg mir wohl helfen könnte?

Kurze Stille am Telefon. Dann endlich die Antwort.

„Morgen organisiere ich ein Mittagsessen für alle Tafel-Besucher aus Poing. Ich habe auch unsere Jungs dazu eingeladen. Vielleicht können Sie auch vorbeikommen. Sprechen Sie Englisch?"

Als ich aufgelegt hatte, hüpfte ich vor Freude und schrie laut „Ja", mit den passenden Handbewegungen, so als ob ich beim Tennis einen Satz gewonnen hätte. Endlich passierte etwas. An diesem Tag war ich sehr glücklich und zufrieden.

Im Restaurant

Wenn Dinge passieren sollen, fühlen sie sich immer richtig an.

So fühlte ich mich am nächsten Tag vital und tatkräftig. Ich war so aufgeregt die ersten Asylsuchenden zu treffen, ich konnte es kaum erwarten. Für mich war dieses erste Treffen etwas ganz Besonderes, ein neues Kapitel in meinem Leben ... Dieses Treffen war der Schlüssel, der die Tür zu einer ganz neuen Tätigkeit öffnen würde. Etwas, was ich vorher nie getan hatte. Ich war noch nie in einer Gemeinde tätig gewesen. Ich hatte Sport betrieben, war aber nie in einem Club aktiv geworden. Immer war ich nur Beobachterin gewesen. Lange Zeit hatte ich mich nur mit meinen eigenen Projekten und Träumen beschäftigt.

Als ich im Restaurant ankam, sah ich einen großen Tisch voller Leute. Es müssen etwa 30 gewesen sein. Ich trat ein und alle Blicke richteten sich auf mich. Ich schaute mich um, dann entdeckte ich Marie Berg. Als sie mich sah, stellte sie mich der Gruppe vor. Ich durfte auf der Seite des Tisches sitzen, an dem auch die Asylbewerber saßen. Zunächst war ich überrascht nur drei Männer zu sehen. Ich hatte nämlich alle vier Pakistani erwartet. Mir wurde berichtet, dass der vierte Mann, Nuwair, nicht zu der Gruppe dazugehören wollte, er war in einer etwas anderen Situation. Nuwair hatte bereits ein paar Jahre in Österreich verbracht, bevor er weiter nach Deutschland gezogen ist. Er hatte in Österreich bereits Deutsch gelernt. Vielleicht hatte er dort auch schon eine Willkommenszeremonie hinter sich und verspürte daher keine Notwendigkeit, dies hier noch einmal mitzumachen. Vielleicht brauchte und wollte er unsere Hilfe überhaupt nicht. Und vielleicht wusste er bereits, dass die Integration in eine neue Gemeinde seinen Asylantrag auch nicht vorantreiben würde. Denn diese Anträge laufen über das BAMF (Ablauf des deutschen Asylverfahrens, Seite 192), sie werden nicht vor Ort in den Gemeinden bearbeitet und beurteilt[1]. Ob jemand in einer deut-

---

[1] Das BAMF kann den Antrag nur bewilligen, wenn nachvollziehbar ist, dass der Antragsteller internationalen Schutz braucht, und er belegen kann, dass er in seinem Land verfolgt wird. (Im Rahmen des Asylverfahrens prüft das Bundesamt sodann, ob der Antragsteller Asylberechtigter im Sinne des Art.

schen Gemeinde integriert ist oder nicht oder ob er bereits Deutsch spricht, hat keinen Einfluss auf das Resultat des Asylverfahrens. Wichtig ist lediglich, was davor in der Heimat passiert ist.

Dann stellte ich mich selbst vor. Ich hatte eigentlich keine Ahnung wie ich das am besten machen sollte. Wer war ich? Was könnte ich sagen, was anbieten? Alles steckte noch in den Kinderschuhen. Es gab noch keine genauen Pläne, ich wollte zuerst beobachten und die Lage klären. Ich wusste auch nicht, welche Erwartungen die Asylbewerber mit sich brachten. Vielleicht würden sie unsere Hilfe gar nicht annehmen. Wer weiß? Zunächst wollte ich die Situation der Flüchtlinge verstehen und unsere Neuankömmlinge einfach nur herzlich willkommen heißen. Ich war nicht die einzige Unsichere in dieser Situation. Es war für ganz Poing eine neue Erfahrung[2].

Auf Englisch begann ich zu erzählen, dass ich zu einer Gruppe freiwilliger Helfer gehörte, die bereit war Asylbewerber in der Gemeinde zu unterstützen. Ich erklärte außerdem, dass unsere Gruppe ihnen die deutsche Sprache und Kultur nahebringen und vor allem sicherstellen wollte, dass sie sich in unserer Gemeinde wohlfühlten. Azfar war der einzige, der Englisch sprechen konnte. Arfeen und Hosni kämpften sich lediglich mit ein paar Brocken Englisch durch. Azfar ist mit dem Flugzeug nach Europa gekommen, also muss er wohl ein Touristenvisum gehabt haben, während Arfeen und Hosni die lange, beschwerliche Landroute über Griechenland (Karte 2, Seite 191) hinter sich hatten. Sie konnten ein wenig Griechisch

---

16a Abs. 1 Grundgesetz ist und ob ihm internationaler Schutz im Sinne von § 1 Abs.1 Nr. 2 AsylVfG zuzuerkennen ist.) Der einzige Weg für das BAMF, dies herauszufinden, ist den Antragsteller zu verhören, um so Informationen über seine Vergangenheit in seinem Heimatland zu erhalten.

[2] Monate später habe ich vom Bürgermeister erfahren, dass Poing schon in den 80er- und 90er-Jahren Flüchtlinge aus dem Libanon, Syrien und später aus Jugoslawien aufgenommen hatte.

sprechen, aber fast kein Englisch. Da meine Griechischkenntnisse zu wünschen übrig ließen und Urdu[3] nicht zu meiner Palette an gesprochenen Sprachen gehörte, konnte ich mich eigentlich nur mit Azfar unterhalten.

Während ich mit ihm sprach, erinnerte mich diese Situation an meinen eigenen Englandaufenthalt. In England leben sehr viele Inder und Pakistani. Sie werden oft verwechselt, obwohl sie aus zwei komplett unterschiedlichen Kulturen stammen, mit ganz unterschiedlichen politischen und religiösen Hintergründen. In der zweiten Hälfte des 20. Jahrhunderts sind viele Inder und Pakistani nach Großbritannien immigriert, wohingegen man sie in Deutschland eher selten trifft. Deswegen war meine erste Frage an Azfar, warum er nicht in England um Asyl angesucht hatte. Sein Englisch war ja schließlich gut. Deutsch hingegen ist keine einfache Sprache und ohne Sprache gibt es keine Aussicht auf Arbeit, keine Chance auf ein neues Leben. Azfar hatte aber wohl schon in Pakistan erfahren, dass England mit Pakistani ausgelastet war und die Chancen auf Asyl in Deutschland wesentlich besser standen.

Wie kann ich euch helfen? Was braucht ihr? Mit genau diesen Fragen begann meine Hilfsaktion. Azfar übersetzte die Fragen in Urdu für Arfeen und Hosni und sie lächelten höflich zurück. Ich bin mir sicher, dass sie sich wunderten, wer diese Frau da war, die sie voller Elan und Energie fragte, was sie brauchten. Azfar nahm sich ein paar Minuten Zeit, um

---

[3] Urdu ist Nationalsprache sowie Amtssprache in Pakistan und einigen indischen Bundesstaaten mit hohem muslimischen Bevölkerungsanteil. Zwar sprechen es in Pakistan nur zehn Millionen Menschen als Muttersprache, doch dient Urdu in zunehmendem Maße als Verkehrssprache zwischen den einzelnen Regionalsprachen. In Indien ist es eine der 22 offiziell anerkannten Nationalsprachen und wird vor allem in den Regionen Andhra, Pradesh, Delhi,Uttar Pradesh und Uttarakhand gesprochen. Weltweit gibt es etwa 58 Millionen muttersprachliche Urdu-Sprecher, mit Urdu als Zweitsprache erhöht sich die Zahl auf 150 bis 200 Millionen.

darüber nachzudenken. Wahrscheinlich brauchten sie so viele Dinge, dass sie bei der Frage gar nicht wussten, wo sie anfangen sollten. Natürlich konnte ich nicht alle ihre Wünsche und Bedürfnisse erfüllen. Was ich eigentlich meinte und wollte, war, dass sie sich ein wenig wie zu Hause fühlen sollten. Ich wollte ihnen helfen sich in die Gesellschaft zu integrieren und ihnen den Eindruck geben, dass sie in unserer Gemeinde willkommen sind. Nach einer Weile sagte Azfar: „Vielleicht Deutschkurse? Wir wollen Deutsch lernen." Natürlich ... Deutschkurse!

Ich schaute sie an und lächelte zurück. Es wurde viel gelächelt an diesem Tag. In der Zwischenzeit verarbeitete mein Gehirn die neuen Informationen. Nun musste ich handeln. Was konnte ich anbieten? Ich hatte eine Gruppe von Leuten, die nur darauf wartete, Hand anlegen zu können. Ich hatte drei Pakistani, die gerne Deutsch lernen wollten. Ich hatte sogar einen Ort, wo wir uns treffen könnten: das Familienzentrum. Das Familienzentrum hatte ein schönes Café mit runden Tischen und Kaffeehaus-Stimmung, es war dienstags und donnerstags auch am Vormittag geöffnet. Spontan lud ich sie gleich für den nächsten Donnerstag um halb zehn ein. Sie schienen sich darüber zu freuen. Ich hatten nun noch zwei Tage Zeit die Leute zusammenzutrommeln und die Deutschkursen zu organisieren. Das war's! Die Sache kam ins Rollen. Donnerstag würde unsere erste Deutschstunde stattfinden.

Dann kam das Essen. Die drei Männer und ich hatten vegetarische Pasta bestellt. In Pakistan sind die meisten Menschen Muslime und essen kein Schweinefleisch, das hingegen in Deutschland fast zu jeder Mahlzeit gehört. Und wir waren in einem deutschen Restaurant. Mit einem vegetarischen Gericht waren die Pakistani auf der sicheren Seite.

Wir fingen an zu essen. Mein Teller war randvoll mit Pasta. Meine Portion hätte auch für drei gereicht. Bald bemerkte ich, dass ich diese Menge an Nudeln nicht schaffen würde, und fühlte mich furchtbar. Ich hatte noch so viel Essen auf meinem Teller und konnte es definitiv nicht aufessen. Das würde einen schlechten Eindruck hinterlassen. Die Tafel lud Menschen in Not zu einem Mittagessen ein. Daher konnte ich dieses Essen nicht einfach auf meinem Teller zurücklassen. Es wäre eine Katastrophe. Ich konzentrierte mich ganz auf meinen Teller und mein Essen. Es war ein nahezu schmerzhafter Moment. Tapfer kämpfte ich mich durch, nur eine Kleinigkeit blieb zurück.

Azfar und Hosni aßen mit Leichtigkeit alles auf, während Arfeen vielleicht nur ein Drittel schaffte. Auch er hatte mit der großen Menge zu kämpfen. Er war klein und schlank und es war offensichtlich, dass er nicht so viel essen konnte. Er sagte mir, dass er einfach nicht mehr schaffte. Ich konnte gut nachvollziehen, was er meinte, da ich mich genau so fühlte. Alle anderen hatten ihren Teller bereits aufgegessen und warteten nur noch auf uns. Als wir erklärten, dass wir ebenfalls fertig waren, war Marie Berg überrascht, dass Arfeens Teller noch recht voll war. „Möchtest Du nicht aufessen?" fragte sie ihn. Ich antwortete für ihn, dass er satt wäre und nichts mehr runter kriegen könnte. Es war ein ganz surrealer Moment. So endete meine erste Begegnung mit den Asylsuchenden in Poing.

Vorbereitungen

Schon vor dem Eintreffen der Neuankömmlinge war mir klar, dass regelmäßiger Deutschunterricht zu den wichtigsten Dingen gehört, die es für die Asylsuchenden zu organisieren gilt. Die Gruppe der Freiwilligen, die bereit war diese Aufgabe zu übernehmen, waren keine ausgebildeten Deutschlehrer.

Aber für die Grundkenntnisse der deutschen Sprache sollte es auf jeden Fall reichen. Was wir brauchten, so dachte ich, waren freundliche, offene Menschen, die Zeit hatten unsere Asylsuchenden regelmäßig zu treffen. Für die jungen Männer war es wichtig Ansprechpartner zu haben, die ihnen mit Rat und Tat zur Seite standen. Menschen, die administrative Fragen beantworten konnten. Oder sie zum Arzt begleiten würden. Das Wichtigste, das ich ihnen geben wollte, war Präsenz. Jemanden, der anwesend ist. Einfach für sie da ist.

Die Stunde beim Essen im Restaurant mit Frau Berg, Arfeen, Azfar, Hosni und all den anderen Gästen der Tafel stellte die Situation der Asylbewerber in Poing bzw. Deutschland gut dar: Da gibt es einige Menschen, die versuchen den Neuankömmlingen zu helfen und so gut wie möglich mit ihnen zu kommunizieren, während ein großer Teil der Bevölkerung die Runde anstarrt und sich wundert, was mit diesen Menschen passiert, die so anders aussehen, und warum sie überhaupt da sind. Die Medien waren bereits voll mit Berichten über Asylsuchende und trotzdem wussten die Einwohner (von Poing) nicht wirklich, was sie von der neuen Situation halten sollten.

Eines meiner Ziele war es eine Win-win-Situation in der Gemeinde zu erzeugen. Auf der einen Seite wollte ich den Asylsuchenden die Integration in unserer Stadt erleichtern, auf der anderen Seite jedoch wollte ich auch der Gemeinde die Möglichkeit aufzeigen, neue und ungewohnte Kulturen kennenzulernen, welche die Asylbewerber nun mal mit sich brachten. Diesen wechselseitigen Kulturaustausch sah und sehe ich als unglaubliche Bereicherung für beide Seiten. Wir geben diesen neuen Mitbewohnern aus ganz unterschiedlichen Kulturen Obhut und sie bereichern im Gegenzug unsere Kultur mit ihrer Lebensweise. Es ist ein Schritt vorwärts zu einer friedvollen und verständnisvollen Welt. Und jeder noch so kleine Schritt zählt und hilft.

Wäre da nicht die Angst. Die Angst vor dem Ungewissen. Es ist ganz offensichtlich, dass sich die Menschheit vor dem, was sie nicht kennt oder weiß, fürchtet. Nicht nur in Deutschland. Es ist ein universales Gesetz. Das Ungewisse ist immer etwas Mystisches, etwas Unkontrollierbares und Unvorstellbares. Oft verdrängen wir diese Ungewissheit aus unserem Sichtfeld und aus unserem Leben. Wir diskriminieren nicht unbedingt, verschließen uns dem Neuen jedoch. Für mich ist dieses Verschließen aber nichts anderes als eine passive Form von Diskriminierung.

Im aktuellen Fall ist das Unbekannte eine neue Kultur, die von den Zuwanderern mitgebracht wird. Verständnis und Akzeptanz statt Ausschluss, das könnte uns einer offenen Gesellschaft näher bringen.

Darüber hinaus muss uns bewusst werden, dass unsere Kultur nicht die einzig wichtige oder richtige auf dieser Welt ist. Jede andere Lebensweise ist genauso bedeutend, bereichernd und hat ihre Existenzberechtigung. Leider erkennen wir oft nicht, wie sehr andere Kulturen unsere Gesellschaft bereichern und stärken können.

Unser Lebensstil ist geprägt von Eile und Pflicht, während andere Kulturen selten gestresst sind. Ihnen ist es wichtiger, mehr Zeit mit der Familie und Freunden zu verbringen. Die älteren Menschen spielen nach wie vor eine große Rolle in einigen Gesellschaften, während unsere Senioren oft in ein Heim kommen und meist allein gelassen werden. Die Kinder hören ihren Eltern zu und respektieren sie. Manche Gesellschaften können gut mit dem Tod umgehen. Der Tod ist kein Tabu, sondern eine Realität, und wenn die Zeit gekommen ist, wird die Familie darauf vorbereitet sein und darüber sprechen können. In unserer Gesellschaft sprechen wir nicht über das Sterben und viele Sterbende werden mit dem Tod allein gelassen. Genau wegen dieser unterschiedlichen Wertigkeiten können andere Gesellschaften für uns hier in Europa eine große Bereicherung sein.

Manche wagen mehr als andere. Und die Abenteuerlustigen werden eher Mut fassen und sich an neue Kulturen herantasten. Ich würde behaupten auch zu dieser Gruppe der Abenteuerlustigen zu gehören. Für mich ist es schön mit anderen Kulturen zusammengewürfelt zu werden. Ich fühle mich in einer multikulturellen Umgebung unglaublich wohl. Es ist, als hätte ich einen Teil der Welt bei mir zu Hause.

Und die Erfahrungen in meinem Leben haben mich darin noch bestärkt. Als Beispiel möchte ich aus meiner Zeit in Kairo berichten. Als ich 2002, während einer Reise, im muslimischen Viertel von Kairo unterwegs war, traf ich Mister Fouad. Ich ging allein in den schmalen, labyrinthartigen Straßen des muslimischen Viertels Richtung Zitadelle. Mister Fouad, der in einem Café saß, rief mir etwas zu. Er war Araber, mit einer langen weißen Robe, einem weißen Hut und er rauchte eine Zigarette. Er schien ganz zufrieden mit der Welt zu sein und genoss die Gegenwart in vollen Zügen. Ich weiß nicht genau, wie Khalil Gibran ausgesehen hat, aber ich stellte mir einen alten Araber genauso vor wie Mister Fouad. Er fragte mich, wo ich denn hinging. „Zur Zitadelle", antwortete ich ihm. „Ach, dann setzen Sie sich lieber zu mir, die Zitadelle hat heute geschlossen!" Dann lud er mich in seinem gebrochenen Englisch ein mit ihm einen Kaffee zu trinken. Ich nahm die Einladung an. Die Zitadelle konnte warten. Dann rief er den Kellner, Mister Said, und bat ihn mir noch etwas zu trinken zu bringen. Ich kann mich nicht genau erinnern, welches Getränk ich als erstes bekam, aber bis zum Abschied hatte ich eine ganze Palette von Getränken, von Kaffee über Minztee bis hin zu Zuckerrohrgetränken, ausprobiert. Ich muss wohl mehrere Stunden mit Getränke- und Zigaretten ausprobieren bei ihm verbracht haben. Vermutlich sitzt Mister Fouad täglich in diesem Café und wartet, bis der Tag vorbei ist. Ich denke es mir mal so, sicher weiß ich es nicht. Hin und wieder zeigte er mir Personen und Kinder und erklärte mir seine Beziehung zu ihnen. „Dies ist mein Neffe. Dies ist mein Sohn.“ Als ich im Begriff war, zu gehen, lud er mich zu seiner Familie zum Abendessen ein. Ich bin nicht hingegangen, ich werde also niemals wissen, was ich verpasst habe. Aber ich habe mich sehr über die Einladung gefreut. In Europa ist es nicht üblich, dass dich ein Unbekannter, wie Mister Fouad, einfach so zum Abendessen mit seiner Familie einlädt. Im Nahen Osten und in manchen Teilen Afrikas habe ich dies dagegen ganz oft erlebt.

Damals kannte ich all das nicht und ich wusste auch nicht, dass ich schon bald die gleiche einladende Gastfreundschaft in meiner eigenen Stadt Poing, mit jedem Besuch bei Fatima und Aziz, einer Palästinenserfamilie aus Syrien.

Nach dem ersten Meeting mit dem Bürgermeister im August 2014 fing ich ernsthaft an darüber nachzudenken, wie ich helfen konnte. Allein war ich nicht in der Lage, etwas wirklich Großes auf die Beine zu stellen. Ich musste mehr Menschen für meine Sache begeistern. Damals war ich gerade in den Vorstand des Familienzentrums Poing gewählt worden. Damit konnte ich mehr Einfluss auf den Ablauf in der Einrichtung und auch auf die Entscheidungen, die dort getroffen wurden, nehmen. Das Amt selbst und die damit verbundenen Kontakte waren sehr hilfreich, was meine nächsten Schritte betraf.

Ich bat darum, ein Asylprojekt im Haus starten zu dürfen und bekam sofort das Go. Der Ball kam ins Rollen. Ich durfte im Namen des Familienzentrums sogar bei der lokalen Presse

Werbung machen. Im Gemeindeblatt von Poing suchte ich nach Freiwilligen, die Lust hatten, bei der Ankunft der Flüchtlinge da zu sein und mitzuhelfen. Es dauerte nur ein paar Stunden und schon kamen die ersten Anrufe! Jeden Tag riefen Menschen an, jeden Tag landeten neue Namen auf meiner Helferliste. Das Telefon hörte in den darauffolgenden Wochen gar nicht mehr auf zu klingeln und noch jetzt, viele Monate später, rufen Leute an, die am Asylprojekt mitarbeiten wollen.

Dass so viele Anrufe und E-Mails eintrudeln würden, damit hatte ich nicht gerechnet! Es bewies, dass in der Stadt ein großes Interesse da war, den Ankömmlingen zur Seite zu stehen. Und das gab mir wunderbaren Aufwind. Den brauchte ich auch für meine nächste Herausforderung: die ganzen Anrufe und E-Mails zu beantworten. Ich hatte mich darauf zwar so gut es ging vorbereitet, aber Deutschland war für mich immer noch ein neues Land und ich beherrschte die Sprache noch nicht perfekt. Im Nachhinein spielte das gar keine Rolle, denn wenn Menschen ein gutes Herz haben und wirklich helfen wollen, gibt es keine Sprachbarrieren.

Ich beantwortete also die E-Mails, so gut ich konnte. Wenn das Telefon läutete, versuchte ich, die Situation und meine Pläne so einfach wie möglich zu erklären. Ich konnte nicht ins Detail gehen, die Lage war nach wie vor sehr unklar, auch für mich. So formierte sich langsam eine Gruppe von Helfern. Wir bekamen kaum Informationen, was die Flüchtlinge betraf, auch nicht, wann der nächste Schwung bei uns eintreffen würde, wie viele es sein würden, woher sie kamen, was sie brauchten. Und schon gar nicht, ob sie unsere Hilfe überhaupt annehmen würden!

Mein erklärtes Ziel war es, eine Gruppe von Helfern zusammenzustellen, damit wir vorbereitet wären, wann auch immer Asylsuchende eintreffen würden. Was dann geschehen würde, stand auf einem ganz anderen Blatt und ich würde mich darum kümmern, wenn es soweit war. An diesem Gedanken hielt ich mich fest. Ich war hochmotiviert und hatte nach wenigen Wochen meine Helferliste komplett. Zwischen 15 und 20 Personen hatten mir ihre Unterstützung zugesichert. Niemals hatte ich mit so einem Feedback auf meine Anzeige gerechnet. Das gab mir Mut und beflügelte mich, mit dem Projekt weiterzumachen.

Ich entdeckte plötzlich ein anderes Gesicht von Deutschland, eines, dass ich so noch nie gesehen hatte. Ich traf auf Hilfsbereitschaft und aufrichtiges Interesse. Die Menschen, die mich anriefen, hatten die gleichen Beweggründe wie ich. Sie wollten helfen, ihre Zeit für die Vertriebenen aus fernen Ländern zur Verfügung stellen. Nun wurden wir zu einer Gruppe und ich fühlte mich von Anfang an unglaublich stark in dieser Runde. Im Laufe der Zeit sollte ich feststellen, dass es nicht einfach nur eine Gruppe von Helfern war. Wir wuchsen in den nächsten Monaten immer mehr zusammen, lernten uns besser kennen. Wir würden besondere Momente und Erfahrungen teilen, wir würden für dieselbe Sache kämpfen und daran wachsen. Es sollte eine Gemeinschaft aus Freunden werden, die sich sehr nahe waren. Immer hatte jemand ein offenes Ohr, wenn wir Kummer hatten, wenn Ängste uns quälten. Wenn wir einander brauchten, war immer jemand da. Wir hatten diesen Zirkel gegründet, um Flüchtlingen zu helfen, aber am Ende war es viel mehr. Wir halfen auch uns selbst.

Nun waren wir zunächst einmal eine Gruppe von freiwilligen Helfern ohne Asylsuchende. Das gab mir allerdings die Gewissheit, dass wir ausgezeichnet vorbereitet waren, wann auch immer die ersten ankommen sollten. Wir wollten den Neuankömmlingen ein bisschen Deutsch beibringen, ihnen erklären, wie das Leben in Deutschland funktioniert, und ihnen somit die Integration in unsere Gesellschaft erleichtern.

Davor hatte ich nie Kontakt zu Asylsuchenden gehabt, ich hatte keine Ahnung, wie in Deutschland gearbeitet wurde und wie das System mit Flüchtlingen umging. Ich fühlte mich schrecklich allein, weil ich nicht wusste, wer mir meine vielen offenen Fragen beantworten könnte.

Eines Morgens hatte ich eine Idee. Die Flüchtlinge waren zwar noch nicht da, aber eine ganze Gruppe von Helfern stand in den Startlöchern und wollte endlich loslegen. Also warum nicht jetzt einen Charity-Event starten, bei dem wir ein bisschen Geld für die Flüchtlinge vor ihrer Ankunft sammeln konnten? Dem Familienzentrum gefiel die Idee sofort und wir entschieden, diese Veranstaltung einfach mit dem Kindertheater zusammenzulegen, das jedes Jahr stattfand. Kuchen sollte gebacken und verkauft werden, der Erlös dann unserem Projekt zugutekommen. Außerdem war es eine tolle Gelegenheit uns als Gruppe besser kennenzulernen, während wir Kaffee und Kuchen verkauften. Die Presse wurde eingeladen, der Münchner Merkur und die Süddeutsche Zeitung. Das Familienzentrum wollte den Menschen in Poing auf diesem Weg sagen: Wir unterstützen dieses Projekt und wir sagen JA zu Flüchtlingen! Ich freute mich, ich würde endlich meine ambitionierten Helfer richtig kennenlernen und ich würde das erste Mal mit der Presse sprechen!

1. Februar 2014. Als ich im Familienzentrum ankam, erwarteten mich schon jede Menge Menschen.

„Hi, ich bin Carolina!"

„Hallo, ich bin Astrid!"

„…und ich bin Hilda."

So einfach war das. Ich dachte, wir hätten noch ein bisschen mehr Zeit zu ratschen, aber unser Publikum verlangte nach Kaffee und Kuchen und plötzlich wurde es ganz schön hektisch! Trotzdem konnte ich einen ersten Blick auf die Menschen werfen, die mir ihre Hilfe angeboten hatten. Ich sah ihre Motivation, ihre Offenheit, obwohl wir uns überhaupt nicht kannten! Außerdem hatte ich Gelegenheit mit der Presse zu sprechen. Einen solchen Event auf die Beine zu stellen war völlig neu für mich, eine echte Lernerfahrung. Die Organisation an diesem Tag lief super, die Presse war uns wohl gesonnen und schrieb einen netten, kleinen Artikel, und das Tollste: Unsere Gruppe von Helfern hatte ihren ersten Test bestanden!

Pakistan

Wie schon erwähnt kamen unsere ersten Flüchtlinge aus Pakistan. Ein Land, über das man in Deutschland nicht viel weiß. In Großbritannien oder Australien schon eher, weil dort auch Cricket gespielt wird, Sport verbindet. Deutschland und Pakistan haben keine gemeinsame Vergangenheit und auch in der Gegenwart sind die Verknüpfungen nur recht gering. Pakistan hat über 191 Millionen Einwohner, die meisten von ihnen sind Muslime. Es liegt auf Platz sechs der Länder mit der größten Bevölkerungsrate. Das Land liegt an der Küste des Arabischen Meeres und des Golfs von Oman, an der Grenze zu Indien. Afghanistan im Westen, Iran im Südwesten und China im fernen Nordosten.

Um besser verstehen zu können, warum Menschen aus Pakistan in Deutschland um Asyl bitten, sollte man die Geschichte des Landes genauer betrachten. Pakistan war im 19. Jahrhundert noch eine britische Kolonie und erklärte erst 1947 die Unabhängigkeit von Indien. Viele indische Muslime betrachteten es als ihre neue Heimat. Die Abspaltung von Indien führte zu einer unvorstellbaren Verschiebung der Bevölkerungsgruppen. Fast 3,5 Millionen Hindus und Sikhs zogen von Pakistan nach Indien und über 5 Millionen Muslime wanderten von Indien nach Pakistan aus. Seit der Trennung der beiden Länder war vor allem der umkämpfte Norden rund um Kaschmir der Ausgangspunkt für zwei von insgesamt drei Kriegen zwischen Indien und Pakistan zwischen 1947 und 1968. Der Konflikt flammt leider bis heute immer wieder auf.

Die Politik in Pakistan wurde im Laufe der letzten Jahrzehnte geprägt durch Korruption und Unwirtschaftlichkeit. Weder eine Zivilregierung noch ein Militärregime konnten das Land stabilisieren. Auch wirtschaftlich kam das Land nicht auf die Beine. Die schwierige Sicherheitslage und die niedrigen Investments ließen die Wirtschaft in Pakistan stagnieren, trotz robuster privater Beteiligungen. Nach den Anschlägen vom 11. September 2001 stellte Pakistan seine Unterstützung für das Taliban-Regime in Afghanistan ein und fand sich plötzlich in erster Reihe im Kampf gegen den Terrorismus wieder, als besorgter Verbündeter der USA. In dieser Zeit kämpften pakistanische Streitmächte erbittert darum, die Kontrolle über die eigenen Regionen entlang der afghanischen Grenze zurückzuerhalten, in denen sich nach wie vor Taliban-Kämpfer versteckt hielten. Das Verhältnis zu den USA veränderte sich im April 2011, nach der Ermordung von Osama Bin Laden, drastisch. Die Amerikaner hatten den Chef von Al-Qaida in Abbottabad, einer Stadt nur 50 Kilometer nördlich von Islamabad, gefunden. Pakistan hatte aber sowohl Amerika als auch Afghanistan gegenüber immer wieder Behauptungen zurückgewiesen, es würde führenden Taliban-Mitgliedern Unterschlupf gewähren.

Ein junges Land mit einer schwachen Demokratie, jeder Menge Korruption und einer spürbaren Präsenz von Spannungen und Terror – da ist es nur verständlich, dass viele Pa-

kistani ihr Land verlassen und versuchen in Europa oder
Amerika ein sichereres und stabileres Leben zu führen.

Erster Deutschkurs

Es war neun Uhr vormittags, ich saß im Café des Familienzentrums und war ziemlich nervös, denn drei Flüchtlinge
aus Pakistan waren auf dem Weg zu uns. Linda hatte bereits
in Kanada als Deutschlehrerin gearbeitet und sollte ebenfalls
kommen. Ich hatte ein paar deutsche Kinderbücher dabei,
Stifte, Papier – alles war bereit! Aus heutiger Sicht weiß ich,
dass Bücher zum Lernen der neuen Sprache am Anfang gar
nicht so wichtig sind. Man lernt mindestens so schnell aus
Alltagssituationen heraus und wenn man die Basiswörter immer wieder wiederholt und aufschreibt.

Um halb zehn erschien Azfar. Er wirkte ein wenig unsicher und schaute sich vorsichtig um. Kurz darauf kamen
auch Arfeen und Hosni, auch sie waren sehr schüchtern. Ich
begrüßte sie mit einem warmen Lächeln und lud sie ein, sich
zu mir zu setzen. Im Café saßen noch andere Mütter. Ich bin
mir bis heute nicht sicher, ob sie diese Situation irgendwie
seltsam fanden. Auf alle Fälle ließen sie sich nichts anmerken.
Es war ziemlich außergewöhnlich, dass Männer ihren Weg in
unser Café fanden, besonders welche mit dunkler Haut. Ich
war sehr froh, dass sie gekommen waren. Offensichtlich hatten sie Interesse die deutsche Sprache zu lernen. Ich bot ihnen
etwas zu trinken an, aber sie lehnten ab. Ich hatte das Gefühl,
dass sie unsicher waren, welche Konsequenzen es hätte, wenn
sie das Angebot annehmen würden. So entschied ich mich für
einen Stift und ein Blatt Papier und begann mit dem Unterricht.

Zunächst versuchte ich ihnen das deutsche Alphabet beizubringen, was gar nicht so einfach ist, wenn die Muttersprache eher aus Zeichen besteht und nicht aus lateinischen Buchstaben. Azfar begriff das Prinzip sehr schnell, er hatte einen großen Vorteil, weil er bereits Englisch sprach. Die anderen beiden, Arfeen und Hosni, wiederholten nur die Laute und nickten dazu mit ihren Köpfen. Ich bemerkte recht schnell, dass Hosni sich keine Notizen machte. Naja, er versuchte es, aber er tat sich sehr, sehr schwer. In diesem Moment stieß Linda zu uns. Ich bat sie sofort, ein besonderes Augenmerk auf meinen schwächsten Schüler zu werfen, damit ich mit den beiden anderen weitermachen konnte, es gab schließlich noch jede Menge zu tun.

Zwei Stunden später war der Unterricht vorbei und ich fühlte mich, als wäre ich einen Marathon gelaufen. Es war so intensiv! Während dieser 120 Minuten hatte uns die deutsche Sprache miteinander verbunden und uns vergessen lassen, was rund um uns geschah. Die Zeit war wie im Flug vergangen. Für Azfar, Arfeen und Hosni war dies die erste wirkliche Begegnung mit der deutschen Sprache, seit sie in einer Erstversorgungsstation in München gelandet waren, um von dort in eine feste Unterkunft irgendwo in Bayern gebracht zu werden. In den Camps bekommen Flüchtlinge nur, was sie nach ihrer langen Reise, ihrer Flucht, dringend brauchen, alles andere kommt später, wenn sie ein vorübergehendes Zuhause gefunden haben.

Nach unserem ersten Unterricht sprach ich mit Linda über Hosni. Wir waren uns einig, er konnte weder lesen noch schreiben. Ein gemeinsamer Unterricht mit Arfeen und Azfar wäre sinnlos. Hosni brauchte unsere besondere Aufmerksamkeit, also fragte ich beim Landratsamt nach einem Alphabetisierungskurs. Den gab es, aber nur für Minderjährige, und Hosni war leider erwachsen! Er würde erst professionellen

Unterricht bekommen, wenn sein Asylantrag genehmigt war, und das konnte zwei oder drei Jahre dauern. Wir konnten nur hoffen, dass er zu den Glücklichen gehören würde, die in Deutschland ein neues Leben beginnen durften. Aber bis dahin mussten wir ihm helfen.

Nachdem unsere Asylsuchenden ihre erste Stunde geschafft hatten, luden wir die drei jungen Männer zwei Mal die Woche zum Unterricht ein, dienstags und donnerstags. Und sogar für Hosni fand sich bald eine Lösung. Ein gutes Netzwerk oder ein glücklicher Zufall schickte Helena zu uns, deren große Leidenschaft es war, Kindern das Lesen beizubringen. Sie hatte vor zehn Jahren eine Zusammenarbeit mit der Grundschule Poing begonnen, wobei sie Lehrern drei bis fünf Stunden pro Woche half jene Kinder zu unterstützen, die sich mit dem Lesen und Schreiben schwertaten. 2015 erhielt sie für ihr Engagement vom Bürgermeister sogar die Bürgermedaille!

Für unser Team war Helena eine Riesenchance, denn sie hatte eine zehnjährige Berufserfahrung und wusste, wie man Kinder lehrte. Wir konnten von dieser Erfahrung nur profitieren. Sie war eine große Bereicherung für die Gruppe. Helena erklärte sich bereit Hosni zweimal die Woche zu unterrichten. Weil er nicht lesen konnte, hatte er ein eigenes Verfahren entwickelt, wie er sich Dinge ganz leicht merken konnte – und das war beim Vokabellernen sehr hilfreich. Schlussendlich lernte er Deutsch sogar schneller als Azfar, weil es für ihn bequemer war, Worte zu lesen, anstatt sich an sie zu erinnern. Bereits nach einem halben Jahr konnte sich Hosni schon ein bisschen auf Deutsch unterhalten, während Arfeen und Azfar immer noch Vokabeln büffelten. Er machte sich wirklich glänzend. Mit Helena freundete er sich schnell an, sodass die beiden auch außerhalb des Unterrichts viel Zeit miteinander verbrachten. Ich glaube, das half ihm sehr, sich in der Gemeinde akzeptiert zu fühlen. Er war offen und besuchte mit Helena viele Events, um mehr über die deutsche Lebensweise zu erfahren. Er wollte ein Teil davon werden und das war eine sehr positive Einstellung.

Diese Verbindung zwischen Helena und Hosni war etwas Besonderes, etwas Ähnliches gelang uns mit Arfeen und Azfar nie wirklich. Allerdings war die Situation auch eine andere, die beiden wurden abwechselnd von zwei verschiedenen Lehrern unterrichtet und wohl auch dadurch entstand zwischen Schülern und Lehrern nie ein enges Team. Es fiel uns relativ schnell auf, dass Arfeen und Azfar deutlich weniger Motivation hatten die neue Sprache zu lernen. Manchmal erschienen sie gar nicht zum Unterricht. Das war für einige Lehrer sehr frustrierend, schließlich opferten sie ihre Freizeit für die beiden. Andere sahen es lockerer, wenn sie vor einer leeren Klasse standen.

Wir verlegten den Unterricht raus aus dem Café, zum Lernen war es der falsche Ort. Zu laut und zu unruhig und zu viel Ablenkung für junge Männer, die sich eigentlich konzentrieren sollen. Mit Hilfe der Gemeinde bezogen wir Räume des Bürgerhauses, die über dem Café gelegen waren.

Kochen

Für mich waren „unsere" Flüchtlinge etwas Besonderes, eine Bereicherung für die Gemeinde, und ich hatte mir fest vorgenommen, für einen besseren Austausch zwischen den Alteingesessenen und den Neuankömmlingen zu sorgen. Natürlich war es wunderbar, unseren Männern aus Pakistan die deutsche Sprache beizubringen und ihnen unsere Kultur zu zeigen. Aber es war auch wichtig, der Gemeinde Poing mehr von Pakistan, dem Alltag und der kulturellen Identität des Landes, zu erzählen, um Ängste aufzulösen.

Essen, dachte ich mir, am leichtesten funktioniert das übers Essen! Essen ist immer ein super Anfang, um eine fremde Kultur besser zu verstehen. Ich hatte also die Idee unsere Männer kochen zu lassen und diese Gerichte im Familienzentrum anzubieten. Leider war das nicht möglich, weil man Essen nicht einfach so kochen und verkaufen darf, außer man besitzt ein Restaurant. Aber es gab eine andere Möglichkeit: Wir konnten gemeinsam kochen und danach zusammen essen! Ich erzählte unseren drei Pakistani von meiner Idee und ich hatte den Eindruck, dass sie sehr froh waren, endlich eine Aufgabe zu bekommen. Und sie schienen sich sehr darauf zu freuen, etwas aus ihrer Heimat mit uns teilen zu können.

Es war nicht leicht für sie, den ganzen Tag allein in ihrem neuen Zuhause zu hocken. Diese Menschen brauchten eine Beschäftigung, sie wollten arbeiten, statt ständig nur zu warten, wie die Zeit verging. [4]

Wir wollten also kochen. Eine Woche bevor es losging, fragte ich die drei, was sie denn kochen wollten und was sie dafür brauchten. Azfar, der sich mehr und mehr öffnete, schrieb eine Liste mit den Zutaten, die er benötigte. Ich sollte eine Menge Zwiebeln besorgen, Tomaten, Paprika, Hähnchen, Basmati-Reis, Öl, Salz, Pfeffer, Knoblauch und verschiedene scharfe Gewürze wie Kurkuma, Kardamom und Curry. Unser erstes Kochtreffen sollte in kleinem Kreis stattfinden, mit den Mitgliedern des Familienzentrums und den Vorständen. Zusätzlich luden wir Thomas Gerck ein, in der Hoffnung, er

---

[4] Das Gesetz sieht nun aber vor, dass Asylsuchende nach ihrer Ankunft noch ganze neun Monate warten müssen, bis sie sich in Deutschland einen Job suchen dürfen. Im November 2014 wurde die Wartezeit auf drei Monate verkürzt.

würde einen kleinen Artikel über unsere Arbeit mit den Asylsuchenden schreiben.

Als unsere drei Gäste aus Pakistan am besagten Tag erschienen, wirkten sie sehr entspannt. Azfar war ohnehin ein
bisschen konservativer und erwachsener als die anderen beiden. Immerhin war er verheiratet und Vater von zwei Kindern, beides Jungs. Er stammte aus einem Dorf namens Sialkot im Nordosten von Punjab, wo die meisten Menschen
Muslime waren. Sialkot war ein wichtiges Industriezentrum
in Pakistan, das bekannt für den Export von Operationswerk-
zeugen und Sportartikeln war. Azfar arbeitete in einer Firma,
die Operationsbesteck herstellte. Dort hatte er auch Englisch
gelernt, weil er immer wieder mit ausländischen Kunden ver-
handeln musste. Obwohl Azfar Arbeit hatte, drohte ihm Gefahr. Bestechung und Korruption sind Alltag in Pakistan und
sobald man sich nicht an die vorgegebenen „Protokolle" hält,
gibt es keine Sicherheit mehr.

Azfars Frau und seine Kinder sind in Sialkot geblieben
und sollten ihm erst folgen, wenn er eine langfristige Aufenthaltserlaubnis hatte. Sie blieben in ihrem Heimatland, folgten
tagaus, tagein, derselben Routine, ohne Vater und Ehemann,
weil dieser alle Ersparnisse zusammengekratzt hatte, um in
Europa ein besseres Leben für sich und seine Familie aufzubauen.

Die Männer kamen also in die Küche und fingen gleich
ganz geschäftig mit den Vorbereitungen an. Sie hatten sich
ziemlich schnell organisiert, jeder wusste, was er zu tun hatte.
Allerdings stellte sich bald heraus, dass Azfar am wenigsten
Erfahrung in der Küche hatte, also übernahm er den Part des
Kommentators und erklärte uns, was die anderen beiden gerade machten. Arfeen und Hosni fingen an Zwiebeln, Paprika
und Tomaten klein zu schneiden, und das ziemlich geschickt
und mit großer Sorgfalt. Die Zwiebeln kamen mit einer riesi-

gen Menge Öl in eine Pfanne und brutzelten bei mittlerer Hitze ewig vor sich hin, bestimmt eine ganze Stunde. Alles dauerte ziemlich lange! Die Tomaten wurden hinzugefügt, während Hosni anfing, das Hühnchen von seiner Haut zu befreien. Wir fragten ihn, warum er das machte, und die drei schauten uns mit aufgerissenen Augen ungläubig an. „Seid ihr verrückt!? Die kann man doch nicht essen! Sie ist unrein!" Wieder was gelernt!

In die Pfanne kamen zu den Zwiebeln und den Tomaten jetzt noch allerlei Gewürze und schließlich auch das Huhn. Das ganze köchelte bei geschlossenem Deckel noch eine weitere Stunde vor sich hin. Bald würde das Chicken Korma fertig sein! Währenddessen war das zweite Gericht schon in der Mache: ein Chicken Byriani, ein Reisgericht mit Hühnchen und Gemüse. Wir Europäer schauten zu und versuchten uns jedes Detail zu merken, das sich von unserer Art zu kochen unterschied. Im Nachhinein hat mich persönlich am meisten beeindruckt, wie lange die Zwiebeln gebraten wurden. Es macht wirklich einen riesen Unterschied im Geschmack, die Mühe lohnt sich, es wird viel zarter und würziger.

Ein Dessert wurde ebenfalls vorbereitet, Reispudding mit Milch und Rosinen. Es hätte eigentlich kalt verzehrt werden sollen, aber das ging sich zeitlich nicht mehr aus, was uns ziemlich egal war. Es schmeckte auch warm fantastisch!

CHICKEN KORMA

<u>Zutaten:</u>

750g Hähnchenbrust
250g Tomaten
2 rote Spitzpaprika
5 Zwiebeln
½ Knoblauchknolle
(gehackt)
ca. 1TL Pfeffer
ca. 1TL Curry
ca. 1TL Paprika

<u>Zubereitung:</u>

- Zwiebeln abziehen und würfeln, in erhitztem Öl goldbraun dünsten (ca. 20 Min.).
- Paprika und Tomaten waschen und klein schneiden, mit gehacktem Knoblauch und Gewürzen zu den Zwiebeln geben, ca. 20 Min. dünsten.
- Hähnchenbrust waschen, in große Stücke schneiden, zugeben, garen lassen (ca. 20-30 Min.).
- Mit Roti und Basmati-Reis servieren.

Alles war fast fertig und Arfeen machte nur noch Rotis, eine Art Fladenbrot aus Weizenmehl in der Größe eines Pfannkuchens. Es wird auch in der Pfanne gebacken, aber ohne Öl. Schließlich kam das Essen auf den Tisch und wir verteilten es untereinander. Die Jungs beobachteten uns genau, um zu schauen, ob es uns schmeckte. Wir waren entzückt! Jeder hatte ein breites Grinsen im Gesicht! Das Chicken Korma wurde mit dem Roti serviert und mit den Händen gegessen. Manche von uns waren damit fast ein bisschen überfordert. Aber ich ließ mich davon nicht aus der Ruhe bringen, saß einfach nur da und genoss das zarte und köstliche Gericht in vollen Zügen. Es war eines der besten Chicken Korma, die ich je gegessen hatte, und ich hatte ein Menge Chicken Korma getestet! Ich dachte mir: Dies ist der perfekte Moment! Das ist ein fantastischer Austausch zweier Kulturen, mitten in Poing! Der erste Schritt war getan.

Dieser erste Kochkurs war ein voller Erfolg. Im darauffolgenden Monat wiederholten wir die Session. Es gab sogar das gleiche Menü, aber diesmal war das Zeitmanagement besser, sodass wir uns am Ende nicht mehr so hetzen mussten. Ich hatte sogar ein Inserat im Gemeindeblatt geschaltet, in dem ich die Bürger von Poing einlud an unserer pakistanischen Kochstunde teilzunehmen. Es meldete sich leider niemand auf diese Anzeige und so lud ich am Ende meinen Yogakurs ein. Von da an kamen wir regelmäßig zusammen, um zu kochen, immer nach unserer Yogastunde.

<u>KHEER – MILCHREIS –</u>

<u>Zutaten:</u>

1L Milch

ca. 6 EL Reis

2 EL Rosinen

ca. 6 EL Zucker

2 EL Kokosraspeln

3 EL gemahlene Mandeln

5 St. KardamomKapseln (etwas aufbrechen)

<u>Zubereitung:</u>

- Milch aufkochen, Reis, Zucker und Kardamomkapseln zugeben und ca. 45 Min. köcheln lassen.
- Rosinen, Kokosraspeln und gemahlene Mandeln zugeben, nochmal ca. 15 Min. kochen lassen.
- In eine Schüssel füllen, obenauf mit einigen Rosinen garnieren und in den Kühlschrank stellen bis zum Servieren.

Guten Appetit!

II Fatima und Aziz

Zuhause bei Fatima

14. März 2014, es ist Mittag. Passauer Straße 32. Die Pfarrei hat dieses Haus Asylbewerbern zur Verfügung gestellt. Ich stehe vor der Tür. Ich räuspere mich, atme nochmal tief durch, schaue meine Freundin an und klingle. Nichts passiert. Als ich nochmal klingeln will, nehme ich hinter der Glastür einen Schatten wahr. Kurz darauf geht die Tür auf und Aziz erscheint. Er winkt uns rein und sagt „Hallo! Kommt rein, kommt rein! Willkommen!"

Ich reiche ihm meine rechte Hand und lächle. „Salaam Halikum!" sage ich. Aziz ist überrascht, führt seine rechte Hand zum Herzen und antwortet ganz automatisch: „Walikum Saalam. Sprichst du Arabisch?", fragt er neugierig, aber ich muss verneinen, leider spreche ich kein Arabisch. Ich kann nur „Hallo" sagen und vielleicht noch ein paar andere Sätze, aber fließend sprechen? Nein! Das macht aber gar nichts, er scheint sich auch über die wenigen vertrauten Worte zu freuen. Ich hatte schon öfter bemerkt, dass diese kleinen Gesten sehr schnell für eine entspannte Atmosphäre sorgen können, vor allem, wenn man mit Menschen aus dem Nahen Osten zusammentrifft.

Ein paar Wochen zuvor hatten wir vom Landratsamt die Information bekommen, dass zwei Familien aus Syrien nach

Poing ziehen würden. Familie Khaled, Fatima und Aziz mit ihren drei Kindern, und Familie Juher, Amina und Hussein mit sechs Kindern. Das waren 13 neue Asylsuchende in Poing, die Gruppe musste neu organisiert werden. Im Augenblick wurde dienstags und donnerstags Deutsch unterrichtet. Gerlinde, eine sehr engagierte Ehrenamtliche, kümmerte sich vor allem um den Kontakt mit Schulen und Kindergärten. Sie würde die Einschulung unserer neun neuen Kinder organisieren. Und das war gar nicht so leicht.

Ich hatte die neuen Familien in den Wochen zuvor schon ein paar Mal besucht und ihnen erklärt, wie unser Helferteam arbeitet und dass es die Möglichkeit gab zweimal in der Woche im Familienzentrum Deutsch zu lernen. Meine Freundin Aischa hatte ich ebenfalls eingespannt, denn sie sprach Arabisch und war mir als Übersetzerin wirklich eine große Hilfe. Und dann sind wir von Fatima zum Kaffee eingeladen worden.

Ich betrete also das Haus, gefolgt von Aischa. Sie stammt aus Marokko. Aischa begrüßt Aziz und spricht ein paar Sätze mit ihm, die ich nicht verstehe. Ich wünschte, ich könnte, aber soweit bin ich noch nicht. Aziz bittet uns in die Küche. Meine Augen fangen an zu tränen, denn die Küche ist ganz verraucht. Sie mussten hier den ganzen Morgen geraucht haben! Ich würde am liebsten ein Fenster öffnen, aber das geht natürlich nicht, das widerspricht jeder Höflichkeit. Also stehe ich einfach nur da und warte geduldig, was als nächstes geschieht. Ich weiß nicht so richtig, was ich tun soll, und als ich Aischa anschaue, sehe ich, dass es ihr genauso geht.

„Setzt euch doch", sagt Aziz und deutet auf den Küchentisch in der Ecke. In diesem Moment erscheint Fatima und nachdem sie uns begrüßt hat, öffnet sie erst einmal das Fenster ganz weit. Sie muss meine Gedanken gelesen haben! Eine Brise frischer Luft erreicht uns. Es ist Frühjahr in Bayern und die Tage sind immer noch ganz schön kalt. Ich fühle den Wind auf meinem Gesicht und nehme einen tiefen Atemzug, pumpe so viel Luft, wie es irgendwie geht, in meine Lungen und das fühlt sich großartig an. Fatima kommt an den Tisch, wischt die Kaffeereste vom Frühstück weg und leert den überfüllten Aschenbecher aus. Dann sieht sie mich an und schenkt mir ein breites Lächeln. Ich sehe ein riesiges Loch auf der rechten Seite in ihrem Mund, da fehlen offensichtlich ein paar Zähne. Fatima scheint sehr froh zu sein, dass wir da sind. Ich überreiche ihr mein Gastgeschenk, eine Schachtel mit Schokolade. „Shukran!" sagt sie in ihrer Muttersprache, denn Deutsch kann sie nicht. Sie signalisiert uns, Platz zu nehmen. „Please!"

Während wir uns setzen, verschwindet Aziz und lässt Fatima mit den Essensvorbereitungen und uns allein zurück. In einer großen Pfanne qualmt schon heißes Öl und sie setzt vorsichtig zwei Teelöffel der Paste für Falafel in das heiße Fett, um sie zu frittieren. Ihre Falafel haben sogar eine ganz persönliche Note: Mit dem Finger drückt sie ein kleines Loch in die Mitte, erst dann legt sie die Kichererbsen-Klößchen in das Öl. Sie deckt den Tisch – Teller, Hummus, Oliven und Pitabrot. Als die Falafel fertig sind, werden sie noch kurz auf ein Stück Küchenpapier gelegt, damit das überschüssige Fett abtropfen kann. Und dann landen sie direkt vor uns auf dem Tisch. Sie sehen köstlich aus!

„Bitte, bitte …!", sagt Fatima und deutet auf die Falafel, wir sollen anfangen zu essen. Sie geht zurück an den Herd, um den Rest zu frittieren, und ich nehme mir eine Falafel. Sie ist sehr heiß. Vorsichtig dippe ich sie in den Hummus und stecke das Ganze in den Mund. Wow! Noch nie habe ich so einen cremigen Hummus gegessen! Nicht so wie meiner, der ist immer ganz bröckelig, kein Vergleich zu diesem hier. Offensichtlich freut sich Fatima über meine positive Reaktion und lächelt. „Nehmt mehr, bitte!", sagt ihr Blick. Auch die Oliven sind köstlich. Aischa schaut auf die Berge von Essen auf dem Tisch, dann schaut sie mich fragend an, als wollte sie sagen: „Wie sollen wir das bloß alles essen?!" Ich weiß, dass sie in einer Stunde gehen muss, aber daran will ich gerade nicht denken. Ich will einfach nur hier sitzen und die Falafel und den Hummus genießen. Köstlich!

Nachdem alle Falafel frittiert sind, kommt auch Fatima zu uns an den Tisch. Später steht sie auf, um Wasser für den Pfefferminztee aufzusetzen. Als der Tee fertig ist, landen so viele Stücke Zucker darin, dass man einen Sirup daraus machen könnte. Deshalb schmeckt der Tee also so gut … Fatima schenkt uns allen Tee ein und setzt sich.

Und dann, ganz plötzlich, während wir da am Tisch sitzen, Tee trinken und Falafel und Oliven essen, fängt Fatima an zu reden. Neugierig höre ich ihr zu. Sie ist 40 Jahre alt, Palästinenserin, geboren in Syrien. Verheiratet ist sie mit Aziz, ebenfalls Palästinenser aus Syrien. Sie sind wegen des Bürgerkriegs aus ihrer Heimat geflohen, um ihren drei Kindern eine bessere Zukunft zu garantieren. Seit Oktober 2013 sind sie in Deutschland, nach einer unvorstellbar anstrengenden und chaotischen Reise, die zum Glück auch die drei Kinder überlebt haben. Jetzt sind sie einfach dankbar, ein Dach über dem Kopf zu haben und etwas zu essen auf ihren Tellern. Und zu den Glücklichen zu gehören, die den Krieg überlebt und Schutz in einem europäischen Land gefunden haben. Nun geht es für sie darum zur Ruhe zu kommen, sich etwas Neues aufzubauen und zu schauen, was das Leben ihnen noch so beschert. Beide, Fatima und Aziz, scheinen an diesem Tag sehr glücklich zu sein. Vielleicht haben sie uns deshalb zum Mittagessen eingeladen, um dieses Glück und ihren Neustart mit uns zu teilen! Auch wenn es das, was sie seit Beginn des

Bürgerkriegs durchmachen mussten, nicht ungeschehen machen würde.

Fatima und die Deutschklasse

Einige Zeit nachdem die Familien Khaled und Juher in Poing angekommen waren, fingen sie an, zu unseren Deutschkursen zu kommen. Jeden Dienstag und Donnerstag. Am Anfang war es ein bisschen schwierig. Wir hatten den Asylbewerbern einfach nur die Adresse und die Uhrzeit der Deutschklasse hinterlassen und hatten dann vor Ort auf sie gewartet. Schnell fanden wir heraus, dass es so nicht besonders gut klappte. Wir mussten ihnen zeigen, wo der Unterricht stattfindet. Eines Tages, als wir auf unsere neuen Schüler warteten, beschloss ich, sie mit dem Auto abzuholen. Als ich bei ihnen ankam, war jeder mit sich selbst beschäftigt. Sie begrüßten mich sehr freundlich, wie Araber es eben tun, und boten mir Kaffee an. Ich schnitt ihnen sofort das Wort ab und fragte, ob sie nicht zum Deutschkurs kommen würden. Ah, sie hatten es vergessen. Also erklärte ich ihnen, dass ich hier war, um sie abzuholen und zum Unterricht zu fahren. Sie sprangen alle ins Auto. Außer Fatima. Sie hatte nachts nicht schlafen können und war müde, sie blieb zu Hause. Sie versprach nächstes Mal mitzukommen.

Wir kamen 40 Minuten zu spät, aber wir waren da. Weil wir genügend Lehrer hatten, konnten wir jedem Einzelunterricht anbieten. Die ersten paar Male lief es gut. Die beiden Paare wollten gerne lernen. Amina und Hussein waren schon weiter als die Khaleds. Ich denke, dass sie schon länger in Deutschland waren. Mit Hussein konnte ich mich schon auf Deutsch unterhalten. Amina hatte ein gewisses Vokabular und konnte ebenfalls selbst Sätze bilden. Aziz, der Englisch konnte, war bequemer und sprach immer lieber Englisch. Deshalb machte er weniger Fortschritte im Deutschen. Irgendwann beschloss er, gar nicht mehr zum Kurs zu kommen. Den Grund konnte ich erst später verstehen.

Fatima konnte kein Deutsch. Ihr Deutsch war tatsächlich einfach nicht vorhanden. Sie musste es von Null auf lernen. Sie kam das erste Mal mit Aziz und Tufiq, ihrem Kleinen, der sich in der Zwischenzeit auf dem Kindergartenspielplatz amüsieren konnte. Ich organisierte und plante die Kurse eigentlich, an diesem Tag unterrichtete ich auch. Ich freute mich Fatima und Aziz zu sehen. Dieses Mal unterrichtete ich Fatima und bemerkte sehr bald, dass sie das lateinische Alphabet nicht beherrschte. Sie konnte nur Arabisch sprechen, lesen und schreiben und sie hatte keine Ahnung, weder von Englisch noch von Deutsch. Ich gab ihr ein Alphabetisierungsbuch, wir begannen die Buchstaben einzeln zu lernen und auch Vokabeln, die mit diesen Buchstaben zu tun hatten. Nach einer Weile wurde es ihr zu viel. Also wechselten wir das Thema, wir gingen zu den Farben über. Ich habe immer noch ein sehr lebendiges Bild davon im Kopf, wie ich neben ihr saß und ihr die Farben beibrachte. Fatima fiel das Lernen sehr schwer. Ganz plötzlich war sie in einem neuen Universum, neue Buchstaben, neue Wörter, neue Sprache. Es gibt im Deutschen Laute, die im Arabischen nicht existieren, wie etwa das „Ü". Sie tat sich schwer, aber ich konnte sehen, dass sie sich sehr konzentrierte und sich alle Mühe der Welt gab. Sie wollte lernen. Wir wiederholten die Farben wieder und wieder, bis es endlich irgendwann „Klick" machte. Es war ein schwieriger Prozess. Innerhalb einer Stunde hatten wir die Farben bestimmt mehr als fünfzig Mal wiederholt. Jedes Mal, wenn sie es richtig machte, konnte ich sehen, wie überglücklich sie war, mit ihrem breiten Lächeln, das ihr Gesicht zum Strahlen brachte. Sie war stolz auf sich. Jedes neue Wort war ein ganz persönlicher Sieg, der ihr zeigte, dass sie immer noch am Leben war und fähig war zu lernen, fähig war zu sagen: „Hey Leben, ich bin noch da!" Gleichzeitig hatte ich den Eindruck, dass sie sich in ihre Kindheit zurückversetzt fühlte und wieder zu einem kleinen Mädchen in einem Klassenzimmer wurde. Wie ein Schulkind wiederholte sie jedes Wort, wieder und wieder. Diese wenigen Stunden, die wir zusammen beim Deutschlernen verbrachten, schufen eine starke Verbundenheit zwischen uns, eine Art Komplizenschaft. Wir mussten nicht miteinander reden, um uns zu verstehen. Manchmal reichte nur ein Blick.

Ich mochte Fatima wirklich gern. Sie war sehr fürsorglich, großzügig und immer für andere da. Solche Leute trifft man nicht immer. Eine tolle, liebevolle Mutter, könnte man sagen. Und es überraschte mich nicht, als Aziz mir erzählte, dass sie in Yarmouk alle Kinder in der Nachbarschaft mochten und lieber bei ihr waren als bei sich zu Hause. Sie kümmerte sich immer gerne um alle. Eine Art Mutter Theresa von Yarmouk.

Deshalb konnte ich Helenas negatives Feedback nicht verstehen, nachdem sie eine Unterrichtsstunde mit Fatima gearbeitet hatte. Weil Fatima das Alphabet nicht konnte, hatten wir beschlossen, dass Helena, die auch Hosni das Lesen und Schreiben beibrachte, sie unterrichten sollte. Die Niveaus der beiden waren sehr ähnlich, so dachten wir und probierten es gleich aus. Helena hatte das Gefühl, dass Fatima gar nicht hier sein wollte, dass sie gar nicht lernen wollte. Sie konzentrierte sich nicht und passte im Unterricht auch nicht auf. Das Dreiergespann funktionierte nicht und nach ein paar Einheiten beschloss Fatima, gar nicht mehr zum Kurs zu kommen. Erst später erzählte sie uns, dass es ihr unangenehm war mit einem Mann im Unterricht zu sitzen.

Yarmouk

Sobald ich Familie Khaled besser kennenlernen durfte, begannen sie sich mir zu öffnen. Tag für Tag erfuhr ich mehr über sie und über ihr Leben in Syrien. Sie waren Palästinenser und kamen aus Damaskus, besser gesagt aus Yarmouk. Ich wusste zunächst nicht, dass Yarmouk ein Lager für palästinensische Flüchtlinge im Südwesten von Damaskus ist. Wenn sie von Yarmouk sprachen, hielt ich es für einen Stadtteil wie viele andere in Damaskus, in dem auch Syrer lebten. Aber als ich aus purer Neugierde zu recherchieren begann, fand ich mehr über Yarmouk heraus: Das Lager wurde bereits 1957 gegründet, um etwa 700.000 arabische Palästinenser unterzubringen, die nach dem Palästinenserkrieg 1948 vertrieben worden waren, als der Staat Israel gegründet wurde. Die Eltern von Fatima und Aziz müssen zu diesen Arabern gehört haben, sie hatten Zuflucht im Gouvernement Quneitra, im Süden des Landes, gesucht. Später, im Jahr 1967, flohen sie weiter nach Damaskus. Noch im selben Jahr wurde Quneitra nach dem sogenannten Sechs-Tage-Krieg von Israel annektiert.

Verwaltungstechnisch ist Yarmouk eine Stadt im Distrikt Damaskus, in Wirklichkeit ist es aber immer noch ein Flüchtlingslager. Auf den Straßenschildern und Karten steht Mukhayyam al-Yarmouk, was Yarmouk-Lager bedeutet. Das inoffizielle Lager Yarmouk wurde über die Jahre hinweg aufgebessert, die Zelte verschwanden und machten gemauerten Häusern und Straßen Platz. Mit der Zeit wurde das Lager ein kleines Wohngebiet mit Krankenhäusern, Schulen und Geschäften, es beherbergte Fachkräfte – Ärzte, Ingenieure und Beamte. Es gab zudem in der Gegend viele internationale Hilfsprogramme aus Kanada, den USA, Australien, den Niederlanden und Spanien. Vor Beginn des Bürgerkriegs in Syrien im Jahr 2011 umfasste der Ort 160.000 Einwohner. Im Jahr

2014 lebten hier nur noch 18.000 Menschen, unter immer entsetzlicheren und schlechter werdenden Bedingungen.

Zu der Zeit, als Azis und Fatima dort gelebt hatten, mussten die Lebensbedingungen ganz gut gewesen sein. Denn so, wie die beiden ihr Leben in Yarmouk schilderten, stellte es sich mir als ein recht normales Leben dar. Aziz erzählte mir, dass er sein eigenes Unternehmen besessen hatte, das Raupenfahrzeuge herstellte. Und Fatima berichtete, dass sie ein breites Netzwerk an Freunden hatte, unter denen auch Christen waren. Wegen der Art und Weise, wie sie von ihrer Nachbarschaft erzählten, dachte ich zunächst, dass sie zusammen mit Syrern irgendwo bei Damaskus gelebt hatten und dass sie in das syrische System integriert gewesen waren. Nach 50 Jahren und drei Generationen in Damaskus hatte ich dies schlichtweg angenommen. Ich brauchte eine Weile, um zu begreifen, dass es immer noch ein Flüchtlingslager gewesen ist, in dem sie gelebt hatten, immer noch abgeschottet vom normalen syrischen Alltag.

Aziz und Fatima waren schon ihr ganzes Leben lang Flüchtlinge, wie bereits ihre Eltern davor und wie nun auch ihre eigenen Kinder. Die Generation von Aziz und Fatima, die Kinder der ersten palästinensischen Flüchtlinge, wurden in Syrien geboren, aber in einem Krankenhaus in Yarmouk, einem Flüchtlingslager. Wie auch die darauf folgende Generation. Ihr Leben lang hatten sie neben der syrischen Bevölkerung gelebt, in einer Parallelwelt, in einem Flüchtlingslager, das über die Jahre hinweg sicherlich verbessert wurde, aber nach wie vor ein Lager geblieben ist.

Ich frage mich, wie es sich wohl anfühlt, ein ganzes Leben lang Flüchtling zu sein, als Flüchtling geboren zu werden. Woher weiß man, wo man hingehört, wenn der Ort, an dem man geboren wird, nicht wirklich Heimat ist? Wann hört man auf zu sagen, dass man ein Flüchtling ist? Was muss passieren? Hört es je auf?

Im Fall der Familie Khaled wiederholte sich die Geschichte der Eltern. Fünfzig Jahre später, in der nächsten Generation. Fünfzig Jahre später taten Aziz und Fatima, was bereits ihre Eltern getan hatten: ihre Heimat verlassen. Nach Europa auswandern, um ihr Leben zu retten. Ich frage mich, ob dies für sie vielleicht nicht so schwer war wie für andere Familien, die seit Generationen am selben Ort, im selben Haus gelebt haben. Für palästinensische Familien aus Yarmouk muss sich die „neue" Flucht wohl ein bisschen anders angefühlt haben. Ihre Eltern waren bereits geflohen. Sie kannten ihre Geschichten oder mussten davon gehört haben.

Jedes Mal, wenn ich zu Aziz und Fatima kam, erfuhr ich mehr von ihrer Reise. Erzählt wurde sie hauptsächlich von Aziz, weil er Englisch konnte. Eines Morgens schaute ich bei ihnen vorbei, als Aziz gerade vom Einkaufen zurückgekommen war. Wir setzten uns alle zusammen um den Tisch und tranken Kaffee. Ich freute mich, denn wenn Aziz da war, konnten wir uns besser unterhalten. Mit Fatima war es auch schön, aber die Verständigung verlief dann eher non-verbal. Es war schön, sich einfach zusammenzusetzen und zusammen Kaffee zu trinken. Manchmal entstand eine Stille zwischen uns. Aber das war in Ordnung, wir hatten nicht das Bedürfnis, sie zu brechen. Es war kein Problem. Aziz und Fatima waren sehr nette Leute und ich konnte sehen, dass sie sich liebten.

Nach einer Weile begann Aziz genauer zu schildern, wie sie mehrmals versucht hatten, aus Damaskus zu fliehen, aber jedes Mal scheiterten. Das erste Mal versuchten sie im Norden die Grenze zur Türkei zu überqueren, aber sie wurden zurückgeschickt. Die Lager in der Türkei waren überfüllt und die Chancen, einen Deal für eine Reise nach Europa auf dem Landweg zu bekommen, gering.

Dann versuchten sie es über Jordanien und den Libanon. Jedes Mal fanden sie, dass das Flüchtlingslager, das sie erreichen konnten, nicht besser war als jenes in Damaskus. Also kehrten sie immer wieder nach Damaskus zurück. Jedes Mal hofften sie, dass die Regierung des jeweiligen Landes ihnen eine Aufenthaltsgenehmigung geben würde, aber das geschah nie. Im Libanon lebten sie in einem Lager in Baalbek, einer Stadt zwischen Damaskus und Beirut. Eine Zeitlang dachten sie, dass die Situation dort oder in Jordanien besser wäre. Aber auch hier war das Lager überfüllt und es war schlichtweg kein sicherer Ort zum Leben, auch wegen der Bombardierungen der direkten Umgebung.

Bereits seit 1948 fragt sich der Libanon, was er mit den vielen Palästinensern anstellen sollte. Die libanesische Regierung sieht in den Palästinensern eine Bedrohung für das sensible Gleichgewicht zwischen religiösen und ethnischen Gruppierungen im eigenen Land. Daher hat sie den Palästinensern sozio-ökonomische Grundrechte verwehrt, um sie davon abzuhalten, im Land zu bleiben. Der Libanon hatte bereits im Jahr 2000 die höchste Rate an in Lagern lebenden Palästinensern. Elf Jahre später, mit Beginn des Bürgerkriegs in Syrien, drohten die sowieso schon überfüllten Flüchtlingslager im Libanon mit einer neuen Welle von palästinensischen Flüchtlingen aus Syrien überzulaufen.

Khaleds Familie blieb also auch nicht in Baalbek, sondern kehrte einmal mehr nach Damaskus zurück. Jedes Mal wieder – zurück nach Damaskus. In das Lager in Yarmouk konnten sie nicht mehr, weil es belagert war. Inzwischen hatten sie kein Haus mehr. Es war Mitte 2013. Die Kämpfe hatten Yarmouk im Dezember 2012 erreicht, ein Jahr nach Beginn des Bürgerkriegs, als die Rebellen beschlossen hatten, durch die

Einnahme des Lagers ihre Position im Süden und Osten von Damaskus zu stärken. Die syrische Regierung reagierte mit flächendeckenden Bombardierungen, die große Teile des Lagers zerstörte und tausende Einwohner zur Flucht bewegten. Sie suchten Schutz in anderen Teilen des Landes oder in den Nachbarländern. So auch die Khaleds. Es war ein langer Prozess und es dauerte Jahre, bis Familie Khaled es tatsächlich schaffte, einen Fuß nach Europa zu setzen.

Als ich eines Tages mit Fatima und Aziz in der Küche saß, hatte ich die Gelegenheit, Abdels Version von der Flächenbombardierung zu hören. Abdel, der älteste Sohn von Fatima und Aziz, erinnerte sich leider sehr gut an den Angriff. Er erinnerte sich daran, wie die Flugzeuge über Yarmouk geflogen sind. Abdel hatte eine Leidenschaft für Flugzeuge und daher beobachtete er sie sehr genau. Er wusste aber nicht, wessen Flugzeuge es waren. Er dachte, es wären vielleicht die Amerikaner. Niemand in der Bevölkerung konnte sich erklären, warum die Flugzeuge ihre Bomben gerade hier abwarfen. Abdel erinnerte sich daran, wie die Bomben fielen, sehr nah an seinem Haus. Später erinnerte er sich auch daran, Körperteile gesehen zu haben. „Einen Finger", sagte er. „Da lag ein Finger auf der Straße. Ich kann diesen Finger nicht vergessen, ich konnte nicht aufhören, ihn anzustarren. Vielleicht war es der Finger von jemandem, den ich kannte. Ich werde es nie wissen. Mein Vater wollte nicht, dass ich ihn sehe. Er schleppte mich zu unserem Haus zurück." Auch ohne Experte zu sein konnte ich sehen, dass alle drei Kinder von Fatima traumatisiert waren. Die meiste Zeit nach der Schule spielten sie mit Flugzeugen und Soldaten. Abdel sagte immer wieder, dass er, wenn er älter sei, in seine Heimat zurückkehren werde, nach Syrien, um für sein Land zu kämpfen.

Ich bin unendlich dankbar, dass meine Kinder solche Dinge in ihrer Kindheit nicht erleben müssen.

Schifffahrt von Ägypten

Nach ihrem Aufenthalt im Libanon beschlossen die Khaleds nach Ägypten zu gehen. Ägypten war ihr letzter Ausweg, ihre letzte Hoffnung. Es war sehr schwer, die richtigen Entscheidungen in einer Kriegssituation zu treffen. Sie konnten die Konsequenzen ihrer Taten nicht vorhersehen. Sie wussten nicht, wie und wo sie enden würden, aber sie versuchten ihr Glück. Aziz, Fatima und die Kinder nahmen am 5. September 2013 ein Flugzeug von Damaskus nach Alexandria in Ägypten. Es war ihr letzter Versuch aus Syrien zu fliehen. Zu diesem Zeitpunkt hatten sie nicht einmal im Entferntesten an Europa gedacht.

Sobald sie aus dem Flugzeug stiegen, waren sie von der neuen Umgebung überwältigt. Selbst das Arabische war ein bisschen anders. Aziz versuchte seiner Familie zu zeigen, dass er alles im Griff hatte. Er musste. Er hatte die Verantwortung für sie. In seinem Kopf drehten sich immer wieder die gleichen Gedanken im Kreis: „Was mach ich jetzt? Wohin gehe ich jetzt? Wie geht es weiter?" Für Fatima und die Kinder war es sehr seltsam an diesem Flughafen zu sein, umgeben von all diesen Fremden, die sie anstarrten. Sie hatten Yarmouk verlassen, was jetzt? Wo war ihr Zuhause? Würden sie je wieder ein Zuhause haben? Die ganze Familie war mit der Situation ein bisschen überfordert. Die Kinder waren unruhig, Fatima fühlte sich unsicher und Aziz dachte: „Ich muss einen Ort finden, an dem wir bleiben können. Einen Ort, wo wir ein neues Leben beginnen können. Einen Ort, wo wir willkommen sind. Einen Ort, wo wir durchatmen und uns frei fühlen können. Einen Ort, an dem die Familie sicher ist."

Er hatte keine Zeit systematisch zu planen. Sobald er seinen Fuß auf alexandrinischen Boden gesetzt hatte, war er umgeben von vielen Leuten, die ihm alle die gleichen Fragen stellten: „Bist du Syrer, Palästinenser? Wo willst du hin? Italien? Griechenland? Sag's mir, ich kann dir helfen. Ich bin hier, um dir zu helfen."

Die Schleuser. Sie waren da. Sie fanden ihre Kunden am Flughafen. In den Nachrichten hören wir nur von den Schleusern entlang der Mittelmeerküste. Die Arbeit eines Schleusers beginnt jedoch bereits am Flughafen. Sie waren gut organisiert. Sie sammelten die Leute, die aus Damaskus oder irgendeinem anderen Ort aus dem Nahen Osten kamen, ein und brachten ihre „Serviceleistungen" schnell an den Mann.

Die Botschaft war sehr klar: Wir können dir helfen nach Europa zu kommen. Wenn du Deutschland, Dänemark oder Schweden erreichst, bekommst du jeden Monat Geld und eine kostenlose Unterkunft. Es ist eine gute Lösung für dich und deine Familie.

Wenn die potentiellen Kunden einverstanden waren, erhielten sie eine Unterkunft und Essen, bis das Boot bereit war, um sie von Ägypten nach Europa zu bringen.

Aziz musste schnell überlegen. Wieder einmal waren es weitreichende Entscheidungen, die er treffen musste. Als er mir die Geschichte vom Flughafen zu erzählen versuchte, so gut er es mit seinem einfachen Englisch eben konnte, gestand er mir: „Weißt du, ich war mir nicht sicher, was ich tun sollte. Ich hatte Geld und ich hatte nichts mit Ägypten zu schaffen. Deshalb fühlte sich damals die Entscheidung, mit den Schleusern nach Europa zu kommen, richtig gut an. Ich wollte nur einen sicheren Ort finden, an dem wir bleiben konnten."

Aziz war nicht nur mit Frau und Kindern gekommen. Er hatte auch seine beiden Schwestern und seinen Bruder mit deren Familien mitgebracht. Für die Schleuser war das ein gutes Geschäft. Insgesamt 20 Personen. Acht Erwachsene. Acht

Erwachsene bedeuteten 28.000 US-Dollar. Ein großartiges Geschäft.

Aziz hatte sich entschieden, der Schleuser nahm ihn und seine Familie mit nach Hause und gab ihnen zu essen. Es war wohl das Geringste, das er tun konnte, für all das Geld, das er von ihnen bekommen würde. Der Aufenthalt in der Unterkunft dauerte nicht sehr lange. Alles ging schnell. Bereits zwei Tage später waren sie am Hafen, bereit für die Abfahrt.

Abfahrt aus Damietta in Alexandria (Karte 1 und Karte 2, Seite 190 und 191). Aziz erinnerte sich.

Der D-Day ist da. Es ist Zeit zu gehen. Wir fahren eine Weile. Zeit spielt keine Rolle mehr. Wir sind mitten auf einer Reise. Wir wissen, wo wir losgefahren sind, aber wir wissen nicht, wo es enden wird. Wir haben es auf so vielen Routen versucht. Ich hoffe nur, dass das hier die richtige ist. Ich hoffe es einfach! Das Auto hält. Alle müssen raus. Wir gehen zu einem Boot. Es dauert. Als wir näher kommen, scheinen alle schneller zu gehen. Sollen da wirklich 200 Leute drauf passen? Wir sind an der Reihe auf das Boot zu steigen. Wir folgen den Leuten vor uns und tun dasselbe, was sie tun. Der Verantwortliche sagt uns, wo wir uns hinsetzen sollen. Natürlich gibt es keine Stühle oder etwas Ähnliches. Wir haben keine Kreuzfahrt gebucht. Wir sitzen auf dem Deck wie alle anderen. Der Mann, der uns nach Europa bringen wird, will unsere Pässe haben. „Ihr bekommt sie zurück, wenn wir in Italien angekommen sind." Was können wir sagen? Wir müssen seine Regeln befolgen. Er ist der Boss. Wenn wir mit seinen Regeln nicht zufrieden sind, können wir nicht viel dagegen tun. Er hat das Sagen und er hat die Macht uns nach Europa zu bringen. Jetzt ist nicht der richtige Zeitpunkt, um Fragen zu stellen oder wählerisch zu sein. Wir sind einverstanden und geben ihm unsere Pässe.

Ich bin froh, dass wir so viel Wasser mitgenommen haben. Wenn wir umsichtig sind, wird es für den Großteil der Reise reichen. Eine Reise von sechs Tagen, wenn wir Glück haben, oder acht mit weniger Glück, acht lange Tage nach Europa. Italien ist das Ziel. Italien ist der nächste Halt. Italien ist dort, wo die Hoffnung anfängt. Ich kann jetzt nicht zurückschauen. Ich muss nach vorn schauen und darf immer nur einen Schritt nach dem anderen tun. Heute Alexandria. Morgen? Wer weiß? In sha Allah …

Ich habe diesem Mann 3.500 US-Dollar pro Person gegeben und muss ihm nun vertrauen. Ich muss. Ich darf nicht anfangen zu zweifeln. Er ist jetzt meine letzte Rettung. Ich habe keine andere Wahl. Hoffen wir, dass alles gutgeht.

Das Boot verlässt Alexandria ohne Probleme. Ich denke, sie wissen alle, was gerade geschieht, und verschließen ihre Augen davor. Es ist ein lukratives Geschäft für diejenigen, die diese Bootsfahrten organisieren. Ich bin sicher, dass sie die Polizei bestechen, damit sie ihnen keine Schwierigkeiten bereitet. Ich weiß nicht, ob ich lachen oder weinen soll. Ich weiß es wirklich nicht. Ich beschließe, einfach tief einzuatmen. Mein Körper sagt mir, dass ich das tun soll. Er braucht mehr Sauerstoff. Mein Gehirn braucht sehr viel Sauerstoff. Ich habe schon länger nicht mehr geschlafen. Ich bin müde, aber ich traue mich nicht zu schlafen. Ich kann es mir nicht leisten, negativ überrascht zu werden, wenn ich aufwache. Meine Kinder können schlafen. Es ist besser für uns alle, wenn sie schlafen, aber wir als Eltern können das nicht. Es wäre zu gefährlich. Ich muss auf meine Familie aufpassen und mich um sie kümmern. Das Boot fährt immer noch. Es sind jetzt zwei Stunden oder vielleicht drei oder vier. Ich bin mir nicht sicher. Ich kann die Zeit nicht richtig einschätzen. Es fühlt sich an wie eine Ewigkeit, eine nie endende Reise zu einem ungewissen Ziel.

Wir essen unsere Vorräte vorsichtig, in ganz kleinen Portionen. Es muss für die ganze Reise reichen. Wir sind auch umsichtig mit dem Wasser. Aber es ist nicht so einfach. Es ist heiß auf dem Boot. Die Sonne scheint und es gibt keinen Schatten. Ihre Strahlen verbrennen uns die Haut. Was soll ich tun, wenn die Kinder Durst haben? Ich kann nicht sagen: „Ach, warte noch ein bisschen." Der erste Tag ist um.

Ein paar Stunden nach Beginn unserer Reise haben die Leute, einer nach dem anderen, ihren Stolz aufgegeben und ihre Blase geleert. Für die Männer war es viel einfacher, sie konnten über Bord pinkeln. Für Frauen war es schwieriger und entwürdigender. Für die Kinder war es ein bisschen gefährlich. Als wir unsere Schüssel leeren mussten, erreichten wir einen neuen Tiefstand im Verlust unseres Stolzes. Unsere Privatsphäre wurde vor den Augen von 200 Leuten enthüllt. Man kann es sich nicht ewig verkneifen. Also, was tun. Die anderen Passagiere werden es vermeiden hinzuschauen und so tun, als könnten sie nichts sehen. Aber es gibt nicht viel zu sehen hier, nichts als jede Menge blaues Wasser um uns herum. Wir fühlen uns wie Tiere, wir können uns auch nicht waschen. Das Niveau, das wir erreicht haben, ist so unendlich tief, tiefer können wir nicht mehr sinken.

Die Kinder schlafen. Es ist besser für sie. Im Schlaf verbrauchen sie nicht so viel Energie und nicht so viel Wasser. Tag zwei ist vorbei.

In der dritten Nacht schlief ein Mann ein und fiel aus Versehen von Bord. Etwas, das leicht passiert. Er saß wie ich auf dem Deck und lehnte sich an eine Seite des Boots. Niemand merkte, dass er fehlte, bis zum nächsten Tag. Wir glauben zumindest, dass es so passiert ist. Wir sind uns nicht einmal sicher. Es gibt keine andere Erklärung. Niemand hat etwas gehört. Niemand konnte etwas hören, der Motor war so laut.

Als Aziz mir diesen Teil seiner Reise erzählte, musste ich ihn unterbrechen. „Aber wie kann es sein, dass niemand etwas gesehen hat? Bist du sicher, dass ihn niemand geschubst hat oder so? Ich finde das sehr seltsam." Aziz war sich ziemlich sicher, dass der Mann nicht gestoßen worden ist. Es war durchaus möglich, dass er eingeschlafen und von Bord gefallen war, weil die Seitenplanken des Boots sehr niedrig waren. Es konnte leicht passieren. Und dann? Entweder konnte er nicht schwimmen und ist sofort ertrunken oder er ist im kalten Wasser aufgewacht und hat versucht zu schwimmen, bis er all seine Kraft verloren hat. Was für ein tragischer Tod.

Tag vier, das Essen ist seit gestern zu Ende. Heute ist die letzte Wasserflasche leer. Wie weit ist es noch bis zur italienischen Küste? Warum dauert es so lange? Warum redet niemand darüber oder erklärt es uns? Niemand weiß es. Alle sind still, starren in den Horizont, beten leise, hoffen und vertrauen darauf, dass alles gutgehen wird.

Ich kann mich an Tag fünf nicht erinnern, aber ich weiß, dass wir am Tag sechs die italienische Küste erreicht haben. Es war surreal. Wieder musste alles ganz schnell gehen. Wir hörten den, der das Sagen hatte, schreien: „Springt, raus aus dem Boot, schnell! Schnell!" Wir waren noch nicht einmal am Ufer angekommen. Wir mussten ins Wasser springen und aufpassen, dass unsere Kinder nicht ertranken. Im selben Moment fuhr das Boot so schnell, wie es gekommen war, davon, mit unseren Pässen, mit unserer Identität. Dann sah ich Lichter vom Strand her kommen. Ich vermute, dass es die Polizei war. Ich vergaß die Pässe und konzentrierte mich auf meine Familie. Wir mussten den Strand erreichen.

Schleuser

Menschenhandel ist ein sehr lukratives Geschäft. Aus diesem Grund ist dieser abartige Handel überall entlang der Mittelmeerküste, von der Türkei bis Marokko, weit verbreitet. Die Schleuser sehen aus wie sehr beschäftigte Geschäftsmänner, die ständig an ihren Telefonen hängen und sich permanent mit Leuten treffen. Mit Leuten, die nach Europa reisen wollen, um ein besseres Leben zu führen.

Unsere ersten palästinensischen Familien aus Syrien kamen zwischen Ende 2013 und Anfang 2014 in Deutschland an. Sie kamen aus Alexandria, Ägyptens zweitgrößter Stadt und Knotenpunkt des Schleusernetzwerks an der ägyptischen Küste. Ein Jahr später erzählten die meisten Migranten, die wir in Poing begrüßen konnten, dass sie aus Ajdabiya in Libyen kamen. Ich dachte, dass die „Mode" sich wohl geändert hatte und die Schleuser in Ägypten ihre Tätigkeiten beendet oder verringert hatten. Aber nein, es war nur ein kleines Zwischentief. Im Jahr 2015 wurden in Ägypten nach wie vor zigtausende Schleuser-Geschäfte abgeschlossen. Der Hauptakteur und Kopf des ägyptischen Schleusernetzwerks war Abu Hamada, ein 62-jähriger syrischer oder palästinensischer Bauingenieur, der 2015 innerhalb eines halben Jahres 2.300.000 US-Dollar verdiente.

Während eines Interviews mit dem Guardian sagte er, dass er sich selbst als einen durchaus guten Menschen sah: „Wenn ich Geld verdiene und gleichzeitig meinen Landsleuten helfe, wo liegt dann das Problem? Ich bin der einzige, dem die Leute in dieser Branche vertrauen können."

Abu Hamadas Männer organisieren im Schnitt zwei Fahrten pro Woche. Jedes Boot transportiert durchschnittlich 200 Passagiere, was ihm einen Umsatz von ungefähr 380.000 US-Dollar pro Fahrt einbringt. Dann gibt er 180.000 US-Dollar für das Boot aus, 70.000 US-Dollar für den Transport der Migranten über das Meer, 30.000 US-Dollar für ihre Unterbringung vor der Abfahrt, 15.000 US-Dollar für die Crew und noch einmal 15.000 US-Dollar für die Vermittler, die die Migranten aufspüren. Am Ende bleiben für Abu Hamada 45.000 bis 50.000 US-Dollar Profit pro Boot.

Normalerweise zahlen die Migranten das Geld an einen Dritten, dem beide Seiten vertrauen. Abu Hamada und seine Männer erhalten das Geld nur, wenn die Passagiere tatsächlich Italien erreichen. Wenn das Boot sinkt oder in Griechenland anlegt, verlieren sie das Geld, weil es schwieriger ist, Mitteleuropa von Griechenland aus zu erreichen. Wer sind aber diese ominösen „Dritten", dem beide Seiten vertrauen?

Der einzige Weg, wie so ein florierender Handel überhaupt funktionieren kann, ist, dass die ägyptische Obrigkeit darin verwickelt ist. Natürlich wissen sie, was geschieht, aber es ist wohl politisch korrekter, alles abzustreiten.[5]

Die Überfahrten sind nicht immer erfolgreich, manchmal enden sie in Tragödien. Wie im April 2015, als ein Fischerboot mit 700 Migranten an Bord kenterte, darunter 300 Kinder. Oder wie im September 2014, als ein Boot absichtlich von den Schleusern versenkt wurde. 500 Menschen starben, darunter erneut viele Kinder. Jene Leute, die unter Deck waren, hatten keine Chance zu entkommen und ertranken sofort. Eine Person erhängte sich sogar aus Verzweiflung. Einige wenige Überlebende wurden Tage später im Meer verstreut gefunden. Ohne diese Überlebenden würden wir die wahre Geschichte gar nicht erst kennen.

Die Internationale Organisation für Migration gab an, dass zwischen Januar und April 2015 mehr als 1.750 Migran-

---

[5]   http://www.theguardian.com/world/2015/jan/07/-sp-trading-souls-inside-world-people-smuggler

ten im Mittelmeer ums Leben gekommen sind. Das ist mehr als das 30-Fache im Vergleich zur selben Zeitspanne im Vorjahr.

Die syrischen oder palästinensischen Flüchtlinge, die ein Vermögen für diesen Transport nach Europa bezahlen, wissen nicht genau, wie gefährlich die Reise sein kann. Sie haben natürlich eine vage Ahnung, aber ihre Philosophie lautet: „Lieber versuche ich es als zu bleiben. Wenn ich bleibe, bin ich so oder so tot. Was ist weniger schlimm?" Sie haben alles verloren, was sie hatten, ihre einzige Hoffnung ist es, Europa zu erreichen. Mit dem Flugzeug von Syrien nach Europa zu gelangen ist nahezu unmöglich, denn welche Fluggesellschaft fliegt schon von Damaskus nach Europa? Die einzige Lösung, die bleibt, ist das Boot. Das Meer. Ja, es ist gefährlich, aber was soll man sonst tun? Sie können nicht zurück und sie können nicht in Ägypten bleiben, weil sie dort nicht mehr willkommen sind, weil es dort keine Aufenthaltsgenehmigung für sie gibt. Sie haben nur eine Möglichkeit: nach vorn schauen. Ihre Reise nach Europa fortsetzen. Ägypten ist nur ein Meilenstein, das Tor zu einem neuen Leben und angeblichem Glück. Es ist aber auch der Beginn eines langen Kampfes.

Catania – München

„Wir mussten den Strand erreichen."

Die italienische Polizei hatte die Ankunft der Flüchtlingen bemerkt und kam zur Rettung. Sie brachten Essen, Getränke und medizinische Versorgung. Dann wurden alle Leute vom Boot in ein kleines Lager zum Ausruhen gebracht. Es war eine harte Reise gewesen, aber die meisten hatten überlebt. Sie wussten es noch nicht, aber sie waren in Catania, im östlichen Teil von Sizilien, angekommen.

Normalerweise müssen die Asylbewerber im ersten europäischen Land, das sie betreten, Asyl beantragen. Die mittlerweile viel diskutierte Dublin-Verordnung. In diesem Fall war es Italien. Viele Asylbewerber wollten aber weiter in Richtung Norden, nach Deutschland, Dänemark oder Schweden. Es hatte sich herumgesprochen, dass die Lebensbedingungen in Italien für Asylbewerber nicht einfach waren. Als eines der Haupttore nach Europa vom Mittelmeer aus sah Italien im Jahr 2013 etwa 43.000 Migranten (darunter 11.300 Syrer) an der Küste ankommen, 2014 waren es etwa 170.000, 2015 noch viel mehr. Italien wurde von der Vielzahl an Migranten regelrecht überschwemmt, befand sich aber selbst mitten in einer Wirtschaftskrise und konnte daher den Asylbewerbern keinerlei Sozialhilfe leisten. Italien hatte auch nicht die Kapazitäten all die Migranten zu registrieren, die Asylanträge anzunehmen, die Asylbewerber aufzunehmen.

In Italien fand man für dieses Problem eine sehr einfache Lösung. Die Polizei öffnete abends die Tore des Lagers und erlaubte den Migranten das Lager zu verlassen, Italien zu verlassen, um irgendwo, in irgendeinem anderen europäischen Land, von der Polizei erwischt zu werden. Das passierte den Khaleds, denen geraten worden war Deutschland zu durchqueren und nach Skandinavien zu gehen, in Bayern. Sie wurden von der deutschen Polizei im Zug aus Österreich, in der Gegend von Rosenheim, aufgegriffen. Nach der Registrierung wurden sie in ein Flüchtlingslager nach München geschickt.

Ich fragte Aziz, warum er beschlossen hatte in Richtung Norden zu gehen, ohne die Sprache und das System zu kennen, und wie er es bis nach Deutschland geschafft hatte. Er erzählte mir, dass er Hilfe in der Moschee von Catania fand, nachdem er das Flüchtlingslager verlassen hatte. Sie gaben ihm und seiner Familie Ratschläge und organisierten gegen Geld den Transport durch Italien und Österreich. Allein hätte es viel länger gedauert und vielleicht hätten sie es nie so weit geschafft. Von Catania aus wurden Autos organisiert. Aziz und seine Familie mussten dreimal das Fahrzeug wechseln, bevor sie die deutsche Grenze überquerten. Jedes Mal mussten sie 3.500 US-Dollar zahlen. Das scheint der übliche Betrag zu sein, den man für jede Fahrt bezahlen muss, die man als Flüchtling unternimmt. Fatima und Aziz waren in Syrien reich gewesen. Das half ihnen, all die Schleuser zu bezahlen. Sie schafften es bis nach Deutschland, aber ihr ganzes Vermögen war verbraucht. Nicht einmal einen Cent, um Essen für die Kinder zu kaufen, hatte sie mehr in ihren Taschen.

Kaum hatten sie die österreichisch-deutsche Grenze überschritten, wurden sie von der deutschen Polizei im Zug aufgegriffen. Sie erzählten mir, dass die Polizei sehr nett gewesen ist. Die Kinder gerieten in Panik, als sie festgenommen wurden, aber die Polizisten beruhigten sie. Sie brachten alle Flüchtlinge in ein Restaurant und gaben ihnen zu essen. Danach ging es weiter in ein Flüchtlingslager, sie wurden registriert, ihre Fingerabdrücke wurden genommen. Deutschland war nun offiziell das erste europäische Land, in dem sie angekommen sind. Sie konnten nun offiziell Asyl beantragen.

Kampf

Ein halbes Jahr später.

Ich nahm mein Fahrrad und fuhr zu Fatimas Haus. Gegen elf Uhr an diesem Morgen klopfte ich an ihre Tür. Ich wusste, dass sie im Krankenhaus gewesen war, und ich wollte wissen, ob es ihr jetzt besser ging.

Ich klopfte noch einmal und wartete. Im Erdgeschoss waren noch ein paar Fensterläden geschlossen. Ich dachte mir, dass sie wohl noch schliefen. Vielleicht sollte ich sie in Ruhe lassen und ein andermal wiederkommen.

Während ich mit mir selbst haderte, ob ich noch einmal klopfen oder einfach gehen sollte, ging die Tür auf. Abdel, Fatimas ältester Sohn, stand da und sah mich an, als wollte er fragen: „Wer bist du? Und was willst du von uns?" Ich hatte ihn schon lange nicht mehr gesehen, weil er immer in der Schule war, wenn ich Fatima besuchte. Ich starrte ihn an und sagte auf Deutsch: „Ich bin Carolina. Ist Fatima da?" Er sah aus, als würde er noch halb schlafen. Dann schaute er über die Schulter ins Wohnzimmer und rief seiner Mutter zu, dass jemand da war, der mit ihr sprechen wollte. Sie kam zur Tür und sah wirklich schlecht aus. Sie wirkte zehn Jahre älter als das letzte Mal. In der Zwischenzeit war Fatima auch beim Zahnarzt gewesen und hatte sich alle Zähne im Oberkiefer reißen lassen müssen, davon wusste ich. Mit den hohlen Wangen und dem leeren Mund war ihr Anblick für mich trotzdem ein Schock.

Fatima erblickte mich und ihr Gesicht hellte sich augenblicklich auf. Sie kam zu mir, nahm mich in die Arme, küsste mich auf die Wange und sagte: „Carolina, Carolina, habibi!" Dann umarmte sie mich und wir blieben eine Weile so stehen. Abdel sah uns zu und verstand nicht wirklich, was los war. Er hatte mich einmal gesehen und das nur kurz. Ich bin mir sicher, dass er sich nicht erinnerte. Es war lange her. Aber er entspannte sich ein bisschen, als er sah, wie herzlich seine Mutter mich begrüßt hatte. Fatima nahm meine Hand und führte mich in die Küche, wo ich mich hinsetzte, während sie ins Wohnzimmer verschwand, das gleichzeitig auch als Schlafzimmer diente. Vermutlich um aufzuräumen. Sobald sie fertig war, kam sie zurück und zeigte mir Jabra, mit Lamm und Reis gefüllte Weinblätter, die sie am Vortag zubereitet hatte. Einen ganzen Topf voll. Ich betrachtete sie mit großen Augen und sagte ihr mit Gesten und Worten, dass ich nicht bleiben würde. „Ich wollte nur sehen, wie es dir geht. Ich brauche nichts zu essen", erklärte ich. Dann rief Fatima Abdel, um zu dolmetschen, was sie sagen wollte. „Wann hast du Zeit? Heute Abend? Komm heute Abend, ich koche für dich und deine Kinder." An diesem Nachmittag hatte ich frei. Also sagte ich ihr, dass ich um drei Uhr mit meinen Kindern wiederkommen würde. Fatima schien mit meiner Antwort zufrieden zu sein. Sie versuchte auf Arabisch zu erklären, dass sie Aziz' Schwester anrufen werde, damit sie ihr beim Kochen helfen würde. Sie wohnte in Ottobrunn und konnte leicht mit der S-Bahn herkommen. Kein Problem. Ich sah sie an und sagte einfach „Okay!", ohne wirklich zu verstehen, was sie mir erzählte. „Was hat das mit mir zu tun?", dachte ich.

Fatima blieb in der Küche. Abdel führte mich an der Hand ins Wohnzimmer. Die Schule hatte noch nicht angefangen und er freute sich Besuch zu haben. Tufiq und Youssef, Abdels Brüder, waren auch im Wohnzimmer. Sie sahen mich schüchtern an und hielten ein bisschen Abstand zu uns. Dann begann Abdel Deutsch mit mir zu sprechen. Er war jetzt seit fast einem Jahr in Deutschland, besuchte eine deutsche Schule in Poing und sprach schon recht gut. „Ich kenne dich nicht sehr gut. Ich glaube, ich habe dich einmal gesehen, vor langer Zeit." Ich erwiderte, dass ich normalerweise morgens kam, wenn er in der Schule war. Tufiq kannte ich besser, weil er am Anfang eine Zeitlang mit seiner Mutter zu Hause geblieben war, bevor er einen Kindergartenplatz bekommen hatte. Schnell fingen wir an uns zu unterhalten, so als würden wir uns schon lange kennen. In seinem gebrochenen Deutsch erklärte Abdel mir, dass sein Vater gerade nicht hier war. Er war in Dortmund, wo einer von Fatimas Brüdern lebte.

Abdel redete weiter. Er schien mit mir sprechen zu wollen, vor allem darüber, was mit seiner Mutter geschehen war. Das war auch der Hauptgrund meines Besuchs. Ich wollte wissen, was passiert war. Warum sie ins Krankenhaus musste. Also ließ ich ihn reden.

„Weißt du, was letzte Woche passiert ist? Meine Mutter wollte mit uns nach oben zum Duschen gehen, weil wir in diesem Stockwerk ja keine Dusche haben. Als wir im Bad waren, fingen die Kinder von der Juher-Familie an uns durch die Tür hindurch zu beleidigen. Als wir uns fast fertig gewaschen hatten, öffnete meine Mutter die Tür, sagte den Kindern, dass sie sie sehr gern mochte, und fragte sie auch, warum sie so schlimme Sachen zu uns sagten. Meine Mutter konnte den Satz gar nicht zu Ende sprechen. Amina, die Mutter der anderen Kinder, war mit ihrer 16-jährigen Tochter heimgekommen und begann ganz plötzlich einen Streit. Amina verlor vollkommen die Kontrolle. Es war, als wäre sie von einem giftigen Insekt gestochen worden, dass sie verrückt und unkontrollierbar machte. Sie fing an meine Mutter anzuschreien. Sie warf eine Haarbürste nach ihr und schlug auf sie ein. Sie war außer sich. Weil meine Mutter vor kurzem am Rücken operiert worden war, wollte sie nicht nach hinten fallen und hielt sich an Amina fest, sodass sie beide zu Boden stürzten. Sobald meine Mutter auf dem Boden lag und allein nicht mehr aufstehen konnte, sprang Amina schnell auf und kickte sie in den Rücken, während ihre Tochter gegen ihren Kopf trat. Ich und meine Brüder standen mit einem Handtuch um die Hüften daneben, sahen alles und konnten nichts machen. Es war so traurig. Mein Vater war unten und versuchte die Situation zu filmen." Abdel nahm sein Handy und zeigte mir das Video von dem Vorfall. Laute Schreie waren zu hören, abgesehen davon sah man aber nicht viel von dem, was passierte. Man sah Fatima am Boden liegend, nicht jedoch, wie sie geschlagen wurde.

Ich war entsetzt. Diese Kinder hatten schon so viel Gewalt und Grausamkeiten in ihrer Heimat gesehen, warum mussten sie nun auch hier so etwas erleben?

Dann fuhr Abdel fort: „Weißt du, was sie dann gemacht hat?" Ich nickte, diesen Teil kannte ich. „Sie schubste meine Mutter die Treppe hinunter", sagte er trotzdem. Er sah mich an, als wollte er mir durch die Augen in den Kopf schauen. Fatima war eine kleine Frau von 1,56 Metern. Sie war auch sehr leicht. Es war für Amina nicht schwierig, sie zu stoßen.

„Ich konnte es nicht glauben", sagte er weiter. „Mein Vater, meine Brüder und ich, wir waren stumm, wir konnten nicht mehr sprechen, wir haben sie nur mit offenem Mund angestarrt. Und auch wenn wir etwas hätten sagen wollen, kein Ton wäre aus unserem Mund gekommen. Meine Brüder und ich fingen an zu weinen. Es war das erste Mal, dass ich auch meinen Vater weinen sah." Abdel wollte es mir genauer erklären: „Weißt du, wir sind Muslime. Männer dürfen Frauen nicht anfassen. Mein Vater hätte Amina am liebsten umgebracht, aber weil sie eine Frau ist, konnte er sie nicht mal anfassen. Wenn ihr Mann, Hussein, dagewesen wäre, wäre es etwas anderes gewesen. Er hätte ihm wahrscheinlich etwas angetan, oder ihn sogar umgebracht."

Dann sagte er stolz: „Wäre ich an der Stelle meines Vaters gewesen, hätte ich sie getötet." Tatsächlich benutze er das Wort töten nicht. Stattdessen machte er eine eindeutige Geste.

In diesem Moment überlegte ich mir, ob Abdel vielleicht psychologische Hilfe brauchte. In seinem kurzen Leben hat er schon eine Menge schlimmer Dinge erlebt. So viele schreckliche Augenblicke, so viel Gewalt. Er war jetzt nicht nur traumatisiert, sondern auch auf Rache aus.

Er zeigte mir dann den Rest des Videos, wie Fatima auf dem Boden lag, still, bewegungslos, mit ausgestreckten Armen, um Hilfe bittend. Amina war auch auf dem Video. Sie war die Treppe heruntergekommen und trat weiter nach Fatima.

Ich konnte das alles kaum glauben. All diese Leute hatte ich in meinem Deutschkurs getroffen. Sie alle wirkten dort zivilisiert und nett. Amina und Hussein waren ehrgeiziger. Sie versuchten aus jeder Situation einen Vorteil zu ziehen. Sie nahmen alles, was die Leute ihnen gaben, ohne wirklich darüber nachzudenken, ob sie diese Dinge überhaupt brauchen konnten. Abgesehen davon wirkten sie ganz in Ordnung.

Jetzt beobachtete ich eine Amina, impulsiv und brutal, deren einziges Ziel es war Fatima zu verletzen. Es war purer Hass. Aber warum? War es Hass oder Neid? War es, weil sie nicht dieselben politischen Ansichten über ihre Heimat hatten?

Im nächsten Video, das Abdel mir zeigte, konnte man sehen, wie die Polizei eintraf. Ich bin mir nicht ganz sicher, wer sie gerufen hatte. Ich weiß nur, dass zwei Dutzend Polizisten gekommen sind, wegen eines Streits zwischen zwei Frauen.

Die Familien mussten getrennt werden, das war klar. Das LRA beschloss also, die Juhers zurück nach Grafing zu schicken, wo sie bereits vorher gewohnt hatten. Diese Entscheidung machte Hussein Juher sehr wütend. Er wollte unbedingt in Poing, im Haus in der Passauer Straße, bleiben. Er versuchte sogar, eine Mitarbeiterin des LRA mit einem Stück Beton zu erschlagen. Zum Glück waren seine Frau und seine Schwester dabei, um ihn davon abzuhalten.

Familie Juher hatte bisher keine Aufenthaltsgenehmigung bekommen. Der Vorfall mit Fatima hatte die Chancen darauf bestimmt nicht erhöht. Er zeigte, dass der Hass in Aminas

Herz noch immer stärker war als ihr Wille, in Deutschland aufgenommen zu werden.

Als ich mich ein paar Tage später mit Aziz unterhielt, erzählte er mir, dass das LRA vor ihrer Ankunft in Poing intensiv nach einer Familie gesucht hatte, die bereit war, mit Familie Juher in ein Haus zu ziehen. Jeder, den sie gefragt hatten, lehnte ab. Selbst die eigene Schwester wollte nicht mit den Juhers zusammenleben. Sie flehte das LRA regelrecht an, nicht mit ihnen unter einem Dach wohnen zu müssen. Aziz und Fatima waren als einzige einverstanden gewesen, sich das Haus mit ihnen zu teilen.

Anerkennung

Das nächste Mal, als ich Fatima besuchte, zeigte sie mir einen Brief vom LRA. Sie wurden anerkannt. Endlich. Die ganze Familie hatte auf diesen Tag gewartet. Sie hatten Glück gehabt, sie gehörten zu jenen, die sehr schnell offiziell anerkannt wurden. Alle waren so begeistert und glücklich und erleichtert. Jetzt wussten sie, dass sie bleiben durften. Mindestens drei Jahre. [6]

Fatima wirkte wesentlich entspannter. Sie sah weniger müde und sogar ein bisschen jünger aus. Sie wollte mit mir feiern. Sie bereitete Kaffee vor und hatte auch schon Süßigkeiten gebacken. Abdel zeigte mir seinen blauen Pass, einen Reiseausweis für Flüchtlinge (Konventionspass) und sagte lächelnd: „Guck mal, ich bin jetzt Deutsch."[7] Ganz oben auf

---

[6] Nach drei Jahren wird dann laut BAMF eine unbefristete Niederlassungserlaubnis erteilt.

[7] Dieser Reiseausweis ist ein Passersatz, der an Flüchtlinge im Sinne der Genfer Flüchtlingskonvention (GFK) ausgestellt wird (Rechtsgrundlage ist Artikel 28 der GFK).

dem Pass stand in großen Buchstaben 'BUNDESREPUBLIK DEUTSCHLAND'. Natürlich war Abdel nun noch kein Deutscher, aber er und seine Familie wurden von Deutschland geschützt. Diese Reisedokumente, die blau waren, nicht burgunderfarben, wie es die normalen deutschen Pässe sind, erlaubten es der ganzen Familie problemlos in und aus dem Aufenthaltsland zu reisen.

Anerkennung. Was bedeutete dies nun für Fatima und Aziz, ganz konkret? Würde sich ihr Leben sehr verändern? Ab jetzt waren sie keine Asylbewerber mehr, das LRA war nicht mehr für sie zuständig. Es gab auch kein monatliches Geld mehr vom LRA. Ab sofort mussten sie sich im zuständigen Jobcenter melden, wie auch die deutsche Bevölkerung. Anerkannt zu werden brachte aber auch neue Rechte, wie den Reiseausweis oder eine Krankversicherung. Aziz und Fatima konnten zu arbeiten beginnen, ohne auf irgendwelche Bewilligungen von Behörden warten zu müssen.

Ein wesentlicher Punkt der Anerkennung war auch, dass sie ihre momentane Unterkunft verlassen mussten. Das Haus in der Passauer Straße war eine staatliche Einrichtung für Asylbewerber, Fatima und Aziz waren das nicht mehr. Sie machten sich voller Energie auf die Wohnungssuche. Die ganze Familie ging geschlossen zu jeder Besichtigung. Gerlinde half ihnen bei jedem Schritt. Sie las jeden Tag die Anzeigen in der Zeitung, vereinbarte Besichtigungstermine, verhandelte mit den Vermietern. In der Nähe von München eine Wohnung zu finden, war einfach unglaublich schwierig und noch schwieriger, wenn elementare Parameter, wie das Budget, begrenzt sind. Die Nachfrage hier ist sowieso größer als das Angebot. Die Vermieter können daher wählen und nehmen meistens Mieter ohne Kinder und mit einem hohen Einkommen. Die Chancen für Flüchtlinge sind ziemlich gering. Woche um Woche verging. Immer nur Absagen. Mit jedem Tag verlor die Familie ein wenig Hoffnung.

Aziz war sogar nach Dortmund gereist, um sich dort Häuser anzusehen. Er hatte verstanden, dass es in München und Umgebung unmöglich war eine Wohnung für seine Familie zu finden. Dortmund war eine gute Option, weil die Khaleds da Familie hatten und es billiger als München ist. Vorerst blieben seine Versuche dort aber auch erfolglos.

Als ich an jenem Tag Fatima besuchte, wusste ich bereits, dass die Familie anerkannt worden war. Deswegen war ich eigentlich gekommen. Das Landratsamt hatte mich angerufen, um mir mitzuteilen, dass Fatima und Aziz nun zu einem „Integrationskurs" berechtigt waren. Dieser wird vom Staat bezahlt, um die Zuwanderer mit der deutschen Sprache und Kultur vertraut zu machen, um sie reibungslos in Deutschland integrieren zu können. Fatima sollte Anfang November mit dem Kurs beginnen. Weil sie nur die arabische Schrift lesen und schreiben konnte, musste sie zunächst das lateinische Alphabet lernen, um dem Kurs überhaupt folgen zu können. Dieser war nämlich auf Lese- und Schreibkundige ausgerichtet. Daher bat mich das LRA ihr vor Beginn des offiziellen Kurses Einzelunterricht zu geben. Hilda wollte das übernehmen, sie wohnte nicht weit von Fatima entfernt. Sie begannen gleich am darauffolgenden Tag.

Eines Donnerstags war Hilda krank. Ich nutzte die Gelegenheit, um Fatima und Aziz zu besuchen.

Als ich klingelte, dauerte es eine Weile, bis jemand die Tür aufmachte. Diesmal war es Fatima. Sie war überrascht mich zu sehen, positiv überrascht, nahm mich in die Arme und küsste mich auf beide Wangen, bevor sie mich ins Wohnzimmer führte. Auf der Couch lagen Deutschbücher und Hefte. Sie war bereit für den Deutschkurs. Ich erklärte ihr, dass

Hilda nicht kommen konnte, weil sie krank war, aber dass ich stattdessen gekommen war. Sie war kurz still, sah aus, als würde sie nachdenken, und sagte dann plötzlich: „Deutschkurs heute nein, Kaffee ja," Und sie führte mich in die Küche, um mir einen Kaffee anzubieten. Aziz wollte gerade aus dem Haus gehen. Er sagte zu mir: „Ich muss los, aber ich bin bald zurück. Warte auf mich." „Okay, maffiou muschkilla (kein Problem)", erwiderte ich. Also saß ich wieder mal in der Küche und trank arabischen Kaffee. Aziz war nicht da, er konnte nicht übersetzen. Aber es war okay. Wir nutzten alle Möglichkeiten von Sprache – Worte, Hände, Blicke. Und sollten wir uns einmal nicht verstehen, dann würden wir uns anschauen und lächeln. Diese Momente waren für mich schön und ich hatte das Gefühl, dass auch Fatima sie sehr genoss.

Fatima liebte es Besuch zu bekommen, Deutsch zu lernen liebte sie leider weniger. Sie hatte immer eine Ausrede: Einmal waren es die Zähne, einmal hatte sie Kopfschmerzen, ein anderes Mal waren die Kinder krank. Für den Integrationskurs war sie nicht fit genug und so lange sie in Poing blieb, nahm sie auch an keinem Integrationskurs teil.

Aziz

Ich ging gerne zu den Khaleds, um Hallo zu sagen. Ich konnte jederzeit spontan auftauchen, ganz ohne Vorwarnung oder Einladung. Das ist bei uns nicht mehr selbstverständlich. Fatima hingegen liebte genau das.

Die meiste Zeit verbachte ich dann aber mit Aziz. Er hatte immer etwas Interessantes zu berichten und ich glaube, dass er manchmal einfach einen Zuhörer brauchte. Eines Tages erzählte er mir, dass seine Situation ihn langsam depressiv machte. Sie konnten nun in Deutschland bleiben und eine normale Unterkunft beziehen. Aber es schien unmöglich, etwas zu finden. Ich erklärte ihm, dass das ein übliches Problem in und um München herum sei. Es gab nicht genügend Wohnungen für all die Wohnungssuchenden und auch ich hatte Probleme gehabt, ein Haus zu finden. Normalerweise brauchte man dafür ungefähr zwei Jahre, wenn man regelmäßig suchte.

Da fragte Aziz mich, wie viel Geld er verdienen müsste, um ohne staatliche Hilfe in München leben zu können. Nach einer kurzen Überschlagsrechnung schätzte ich die Summe auf etwa 3.000 Euro netto im Monat. Aber welchen Job konnte er schon finden, um so viel Geld zu verdienen? Er hatte Schwierigkeiten mit dem Deutschen und sein Englisch war auch nicht sehr gut. Was konnte er tun? Wo konnte er arbeiten?

Aziz fuhr fort: „Caroline (er nannte mich nie Carolina), in Damaskus habe ich mit acht Jahren angefangen zu arbeiten. In diesem Alter brachte ich meinem Vater schon Geld nach Hause. Er gab mir nie Geld. Ich reparierte kaputte Fahrräder und verkaufte sie an Fahrradgeschäfte. Dann verkaufte ich Kekse und später wurde ich Manager meines eigenen Unternehmens, das Raupenfahrzeuge verkaufte. Für mich ist es ein Kinderspiel, einen Bagger zu reparieren. Es macht mir keine Angst. Ich liebe es, Dinge zu reparieren. Ich bin jemand, der gerne arbeitet. In Damaskus half ich finanziell und auf ganz praktische Weise meiner Familie, meinen Freunden und Bekannten, die mich um Hilfe gebeten haben. Jetzt bin ich in Deutschland und ich habe das Gefühl, dass ich niemandem mehr helfen kann. Ich kann nicht mal mir selbst helfen. Es ist schwierig, um Hilfe zu bitten, wenn man früher nie Hilfe gebraucht hat." Er war jetzt seit fast einem Jahr in Deutschland und hatte bislang noch keine Gelegenheit gefunden, jemandem zu erzählen, was ihm auf dem Herzen lag. Natürlich war seine Frau da, aber manchmal ist es angenehmer, mit Außenstehenden zu sprechen, die nicht in derselben Situation stecken. Ich hörte ihm einfach zu und sagte ihm, dass wir da waren, um zu helfen. Er musste definitiv anfangen zu arbeiten. Vielleicht gäbe es im Familienzentrum etwas zu tun? Er könnte einmal pro Woche Dinge reparieren. Oder vielleicht könnten wir mit einem Reparatur-Café anfangen. Das war eine gute Idee.

Es war traurig zu sehen, wie Aziz seine ganze Hoffnung verloren hatte. Als er in Poing ankam, war er ein sehr freundlicher Mann, immer lächelnd und witzig. Diese ansteckende Freude war mit der Zeit verloren gegangen. Er wollte einfach wieder unabhängig sein, finanziell und emotionell. So, wie er es nahezu sein ganzes Leben lang gewesen war. Nun musste er seinen ganzen Stolz beiseitelassen und fremde Hilfe annehmen.

Dann wechselten wir das Thema. Er erzählte, dass seine anderen Schwestern es nun auch über das Mittelmeer nach Europa geschafft hatten. Sie hatten genau dasselbe erlebt wie Aziz und seine Familie vor mehr als einem Jahr. Es war für alle eine harte Reise gewesen. Sobald Aziz erfahren hatte, dass seine Schwestern mit ihren Familien in Lampedusa angekommen sind, nahm er einen Zug nach Italien, um ihnen mit der Weiterreise zu helfen. Eine der Schwestern wollte sich in Holland niederlassen, die andere in Deutschland. Auf der Rückfahrt aus Italien sah Aziz, dass die deutsche Polizei den Zug durchsuchte. Sie suchten nach Flüchtlingen, die über Österreich illegal aus Italien kamen und nach Dänemark oder Schweden wollten. Oft endet diese Reise in Deutschland, insbesondere auf dieser Zugstrecke. Aziz fragte mich: „Warum nimmt die deutsche Polizei uns fest? Warum lassen sie uns nicht durch Deutschland durch bis nach Dänemark?" Ich hatte keine konkrete Antwort. Ich wusste nur, dass Migranten, sobald sie in Deutschland verhaftet wurden, in diesem Land Asyl beantragen mussten, was meiner Meinung nach auch gar nicht so schlecht war.

Als die Polizisten Aziz sahen, sagte einer: „Oh schau, da ist einer. Schnappen wir ihn uns." Sie rannten auf ihn zu und verlangten seinen Pass. Sie waren sich ganz sicher, dass er ein Flüchtling war, ohne Pass. Aziz hingegen war nicht besonders nervös, er hatte seine Papiere dabei. Als er ihnen seinen deutschen Konventionspass zeigte, entschuldigten sich die Polizisten sofort und ließen ihn in Frieden. Er war kein illegaler Flüchtling, nicht mal mehr ein Asylbewerber. Er hatte eine Aufenthaltserlaubnis. Es brachte ihn zum Lächeln. Ihm wurde klar, wie weit er es schon geschafft hatte. Jetzt hatte er in Deutschland ein Dach über dem Kopf und einen Pass. Es stand ihm frei, zu reisen.

Da klingelte Aziz' Handy. Nachdem er aufgelegt hatte, erklärte er mir, dass es ein Freund aus Berlin gewesen war, dessen Mutter Deutsche und dessen Vater Palästinenser war. Er arbeitete in der Palästinensischen Mission, der Vertretung der palästinensischen Gebiete, in Berlin.[8] Er half ihm mit seinem Haus. „Welches Haus?", fragte ich überrascht. Aziz fing an zu erklären, dass er ein Haus im östlichen Teil von Jerusalem hatte. Seine Mutter hatte das Haus verlassen, bevor sie nach Syrien gekommen war, und als sie gestorben war, hatten Aziz und seine Geschwister es geerbt. Im Moment lebten Araber in dem Haus. Während er in Syrien gelebt hatte, hatte Aziz eine monatliche Miete aus Jerusalem erhalten, aber seit Kriegsbeginn in Syrien gingen keine Zahlungen mehr auf seinem Konto ein.

---

[8] Palästina hat kein richtiges Konsulat. Obwohl am 15. November 1988 der Staat Palästina ausgerufen wurde, wird er heute, 28 Jahre später, noch immer nicht vom allen Länder anerkannt. Nur 136 Länder erkennen Palästina als selbständigen Staat an.

Aziz fragte die arabische Familie, ob sie das Haus kaufen würden, aber das wollten sie nicht. Für Palästinenser ist es immer schwierig, ein Grundstück in Jerusalem zu kaufen, weil die israelische Regierung es von einem Tag auf den anderen konfiszieren kann. Laut Aziz ist bereits ein Teil seines Grundstücks von der israelischen Regierung konfisziert und in Parkplätze umgewandelt worden.

Für Aziz, der jetzt als Flüchtling in Deutschland lebte und von der deutschen Sozialhilfe abhängig war, war es sinnvoll, das Haus zu verkaufen. Es würde sein Leben einfacher und angenehmer machen. Er könnte dann ein neues Leben in Deutschland beginnen, ohne von der deutschen Regierung abhängig zu sein. Aber es war nicht so einfach, ein Haus in Jerusalem zu verkaufen, besonders als Palästinenser. Ich bin mir nicht sicher, woher er den Kontakt zu dem Palästinenser aus Berlin hatte, aber es gab ihm Hoffnung. „Und wie viel ist dein Grundstück wert?", fragte ich ihn. „Sieben bis acht Millionen", war seine Antwort. „Wow", dachte ich. Es klang unglaublich! „Sieben Millionen Euro?", fragte ich. „Ja", war die Antwort.

Ich fragte ihn, ob er Papiere von dem Haus hatte. „Natürlich, Caroline. Ich habe sie aus Syrien mitgenommen", antwortete er. „Willst du sie sehen?", fügte er hinzu. „Ja, gerne", erwiderte ich neugierig. Also holte er einen großen braunen Umschlag, der eine Menge Papierkram enthielt, hauptsächlich in arabischer Schrift. Ich sah mir den Grundriss und viele andere Zettel an. Er sagte: „Das ist alles, was du brauchst, um ein Haus zu verkaufen." Ich nickte, war aber immer noch neugierig: „Wie hast du es geschafft, sie hierher zu bringen? Du hattest ja nicht einmal einen Koffer?" Er zeigte auf seinen Oberkörper und sagte: „Ich habe sie an meinem Körper versteckt, mit Klebeband festgeklebt. Es ist gut, weil es wasserdicht ist." Aziz hatte es tatsächlich geschafft, auf der gesamten

Flucht alle Papiere zu retten. Die Dokumente waren nach wie vor unversehrt.

Dann fragte ich, wie sie ihr Geld sicher aufbewahrt hatten. „Fatima hatte das Geld, sie versteckte es unter ihrem Kleid." Ich sah ihn an, ich wusste nicht, was ich sagen sollte. Ich versuchte, mir vorzustellen, was sie auf ihrer Reise alles erlebt hatten, aber egal wie oft sie es mir beschrieben, es war nichts, was man wirklich nachempfinden oder verstehen konnte, ohne es selbst erlebt zu haben. Was für ein Glück wir doch hatten! Und plötzlich kamen mir alle meine Probleme lächerlich vor.

Er fuhr fort, über sein Haus zu sprechen: „Es gibt Kaufinteressenten. Ich habe Leute in Jordanien und Ägypten. Aber bei dem Verkaufsprozedere fühle ich mich nicht sicher. Jetzt weißt du, warum ich nicht zum Deutschkurs komme. Ich muss nachdenken, wie ich dieses Problem lösen könnte. Ich kann nachts nicht mehr schlafen. Ich weiß nicht, wie ich eine Lösung finden soll. Ich denke darüber nach, nach Ägypten zu gehen und es dort zu verkaufen."

Er hatte tatsächlich einen Käufer in Ägypten gefunden, aber wegen der Verwaltungsarbeit müsste er persönlich nach Ägypten reisen. Den Deal in Ägypten abzuschließen erschien mir sehr gefährlich, weil er bar bezahlt werden würde. Wo sollte er mit dem Geld hin? Konnte er den Banken in Ägypten trauen? Konnte er das Geld per Überweisung nach Deutschland schicken? Ich wusste, dass er nicht einfach mit acht Millionen Euro in bar nach Deutschland kommen konnte. Oder vielleicht schon, aber dann musste er es verzollen.

Er machte sich Sorgen um seine Familie. Er fand, dass er sie an einen sicheren Ort bringen musste, bevor er nach Ägypten ging. Falls ihm etwas zustieße. Oder seiner Familie stieß etwas zu, während er weg war. Es war ja nicht eine Person, die sein Haus kaufen wollte, sondern eine Organisation. Er hatte nicht viele Fragen über diese Organisation gestellt, aber er hatte das Gefühl, dass es vielleicht riskant war, mit ihr ins Geschäft zu kommen. Aziz wollte das Haus einfach loswerden. Er brauchte das Geld und es war ihm egal, wer es kaufen würde.

Natürlich konnte er im Moment nicht konzentriert Deutsch lernen und einen Job suchen. Sein Ziel war es, einen legalen Weg zu finden, um sein Haus zu verkaufen und das Geld nach Deutschland zu bringen. Eigentlich war er seit seiner Ankunft in Deutschland damit beschäftigt. Jetzt fühlte er sich endlich näher an einer Lösung.

Die andere Möglichkeit wäre, dass der Käufer nach Deutschland käme und der Verkauf in der israelischen Botschaft abgewickelt würde. Aber dann würde Aziz drei Millionen verlieren. Ich sagte Aziz, dass es vielleicht besser war, vier Millionen zu bekommen und am Leben zu bleiben als sieben Millionen zu bekommen und eine Kugel im Kopf zu haben. Sein Freund in Berlin könnte den Deal arrangieren. Er kannte zudem das Haus und die Käufer. Aber im Gegenzug verlangte er eine Gebühr von 100.000 Euro. Der Deal könnte in zwei Wochen stattfinden. Aziz wartete auf eine Bestätigung. Ich hatte das Gefühl, dass alles, was er mir erzählte, sehr ungenau und unsicher war. Tage- und wochenlang geschah nichts. Die Pläne änderten sich immer wieder. Ich konnte regelrecht sehen, wie frustrierend das für Aziz und seine ganze Familie war.

Wochen später erfuhr ich, dass es inzwischen fünf Kaufinteressenten aus Jerusalem und aus Jordanien gab. Das Haus war noch immer sieben bis acht Millionen Euro wert. Die Kontaktperson in Berlin kümmerte sich weiterhin um den Deal. Es sollte eine Barauszahlung werden. Es gab aber immer noch keinen genauen Plan. Aziz musste noch einige weitere

Monate warten, bis der Papierkram erledigt und der Deal abgeschlossen werden konnte. Das Haus war alt und die Papiere mussten erneuert werde. Trotzdem wirkte Aziz jetzt viel entspannter und blickte dem Ganzen viel positiver entgegen.

Ich fragte ihn, was er mit dem Geld machen würde, wenn es einmal in Deutschland angekommen sei. Er würde nicht alles bekommen, er würde es mit seinen Geschwistern teilen und einen Anteil an den Mittelsmann aus Berlin auszahlen müssen. Dann wollte er ein Haus für sich und seine Familie kaufen und eine neue Firma gründen. Vielleicht im Bauwesen. Leider verließen uns die Khaleds kurz darauf und ich werde das Ende seiner Geschichte nie erfahren.

III Veränderungen

Neue Familien in der Passauer Straße

Zwei neue Familien bezogen die mittlerweile leeren Zimmer der Familie Juher in der Passauer Straße: Die Haddads, eine Familie aus Syrien, und Nahom und Mariam mit ihrer kleinen siebenjährigen Tochter Yohanna aus Eritrea.

Ich lernte sie kennen, als ich mit meinen Kindern spätnachmittags bei Fatima vorbeischaute. Meine Kinder gingen gerne zu Fatima, weil sie ihnen jedes Mal leckeres Essen machte. Heute gab es Pitabrot mit Nutella. Außerdem spielten meine Kinder gerne mit Fatimas Söhnen. Xavier, mein Großer, der sechs Jahre alt war, mochte Abdel besonders gern, weil er älter war und sich sehr beschützend verhielt. Xavier blieb gerne bei ihm. Er vertraute ihm und respektierte ihn.

Zu meiner Überraschung waren die Khaleds an diesem Abend nicht allein. In ihrem Wohnzimmer saßen Nasser und Nahom, die Väter der neu eingezogenen Familien.

Nahom und seine Familie hatten ein Zimmer im ersten Stock, während die syrische Familie mit ihren acht Kindern die beiden leeren Zimmer im Erdgeschoss belegte. Sie alle teilten sich ein Bad im ersten Stock und die Küche im Erdgeschoss. An jenem Abend sah ich weder Mariam noch Abir. Beide Frauen blieben mit den Kindern in ihren Zimmern.

Ich mochte Fatimas herzliches Wesen und auch, dass sie immer mit anderen teilte, was sie auch hatte. An diesem Abend, während wir uns im Wohnzimmer der Familie Khaled unterhielten, bereitete Fatima also Essen für uns alle zu. Es war sehr gemütlich, so dazusitzen und miteinander zu reden. Weil die neuen Männer sahen, dass ich mich gut mit Fatima und Aziz verstand, öffneten auch sie sich schnell und es war schön, sich so frei unterhalten zu können.

Das nächste Mal, als ich vorbeikam, lernte ich Abir kennen. Abir hatte acht Kinder, zwei Jungs und sechs Mädchen, von sechs Monaten bis zwölf Jahren. Als Fatima und ich nach oben kamen, um sie auf einen Kaffee einzuladen, saß sie allein mit allen Kindern auf einem Bett. Sie sah uns, lächelte und sagte „Hallo!". Ich sah sie an und erwiderte: „Salaam Halikum!" Sie war ein bisschen schüchtern, deshalb war es sehr hilfreich, dass Fatima da war, um das Gespräch auf Arabisch zu übernehmen. Fatima erklärte, dass ich für die Deutschkurse in Poing verantwortlich war und ihr gerne helfen würde, Deutsch zu lernen. Sie nickte und ich nickte auch. Wenn es eine Sprachbarriere gibt, lächelt und nickt man meistens sehr viel, und das taten wir. Sie kam mit den Kindern runter und zusammen tranken wir einen Kaffee, während die Kinder Schokokekse aßen. Ich konnte kein Arabisch und Abir kein Deutsch. Aber mit dem wenigen Deutsch und Englisch, das Fatima konnte, versuchten wir uns zu unterhalten. Fatima war stolz als Dolmetscherin wirken zu können. Sie schien immer zu verstehen, was ich sagte. Abir erzählte uns, dass sie 27 Jahre alt war und aus Deir az-Zor kam. Das liegt im Osten Syriens und ist seit 2014 unter Kontrolle des Islamischen Staates. Erst später würde ich die ganze Geschichte ihrer Flucht erfahren.

Jetzt lebten Nasser und Abir mit ihren Kindern in Poing und warteten darauf, dass ihr Antrag auf Asyl bearbeitet wurde. Anders als für viele Asylbewerber aus anderen Ländern standen die Chancen auf das Bleiberecht für Syrer bei fast 100 Prozent. Zumindest für eine begrenzte Zeit von drei Jahren.

Manchmal, wenn ich das Haus in der Passauer Straße besuchte und die Kinder dort beobachtete, musste ich an die anderen Flüchtlingskinder denken, an die unbegleiteten Kinder, die ganz allein unterwegs waren, weil sie ihre Eltern vor oder während der Flucht verloren haben. Auch in Poing hatten wir einige unbegleitete, minderjährige Flüchtlinge.

Laut „Missing Children Europe", einer Organisation, die sich um minderjährige unbegleitete Flüchtlingskinder kümmert, sind im Jahr 2013 in der EU 12.730 Asylanträge von unbegleiteten Kindern gestellt worden, 1.095 davon waren unter 14 Jahre alt. Viele dieser Kinder haben ihr Elternhaus verloren oder sind vor Gewalt und Armut geflohen. Oft beginnen sie die Flucht mit der Familie oder Geschwistern, manchmal werden sie von den Schleusern absichtlich von ihrer Familie getrennt. Allein sind sie eine noch einfachere Beute für Menschenhändler.

Bis zu 50 Prozent der minderjährigen Kinder, die in den europäischen Erstaufnahmezentren untergebracht werden, verschwinden in den ersten 48 Stunden. Manche haben schon einen eigenen Plan und hauen ab, weil sie nicht zurückgeschickt werden möchten. Andere werden entführt und zu Drogen und Prostitution gezwungen oder als Organspender bzw. als „moderne Sklaven" verkauft.

Viele von diesen Kindern werden nie gefunden, da es kaum Informationen über ihre Familien und ihre Geschichte gibt.

Im Februar 2016 hat das Bundeskriminalamt bekanntgegeben, dass 4.718 unbegleitete minderjährige Flüchtlinge in Deutschland einfach verschwunden sind. Der Vorsitzende des

Zentralrats der Muslime, Aiman Mazyek, warnte erneut vor Organhändlern und Prostitutionsnetzwerken, die diese Kinder für ihre Zwecke schamlos ausnützen.

Auch in Poing gab es unbegleitete Minderjährige. Als ehrenamtliche Helfer treffen wir sie nicht, weil sie von professionellen Sozialarbeitern betreut werden. Trotzdem kann ich manchmal, wenn ich an diese Kinder denke, nicht anders, als auch an all jene Kinder zu denken, die allein nach Europa gekommen sind und die es nie geschafft haben und nie schaffen werden, ein neues gesundes Leben zu führen. Sie werden nie wissen, wie es sich anfühlt frei zu sein, in die Schule zu gehen oder Freunde zu haben, weil es das Schicksal anders wollte. Wie eine Lotterie: Du hast Glück, du nicht …

Mit Raffinesse wechselte Fatima das Thema. Sie wollte uns etwas erzählen. Sie wirkte fröhlicher als sonst. Sie berichtete, dass sie dieses Wochenende wegfahren würde, um ihre Schwester in Hamburg zu besuchen. Ihre Schwester war schon seit drei Jahren in Deutschland, seit Beginn des Kriegs in Syrien, und Fatima hatte sie noch nicht gesehen, seit sie Syrien verlassen hatte. Fatima war überglücklich, sie würde einen Großteil ihrer Familie treffen. Die meisten würden aus Dänemark, Norwegen und anderen Teilen Deutschlands nach Hamburg kommen. Auch die Schule war informiert, die Kinder würden ein paar Tage lang nicht kommen. Es sollte ein großes Familientreffen werden, um die muslimische Eucharistie, Eid al-Adha, zu feiern, den zweitgrößten religiösen Feiertag des Jahres. Er findet zu Ehren Ibrahims (Abrahams) statt, der bereit war, seinen Sohn Ismail (Ishmael) als Zeichen seiner Ergebenheit für Gott zu opfern. Zu diesem Anlass wird heutzutage eine Kuh oder ein Schaf geopfert. Das Fleisch wird dann in drei gleich große Teile aufgeteilt. Einen Teil behält derjenige, der das Opfer vollbracht hat. Den zweiten Teil bekommen seine Verwandten und Freunde. Der dritte Teil wird an Arme und Bedürftige verteilt.

Ein Jahr später meldete sich eine muslimische Dame aus Poing bei mir, aus genau diesem Anlass. Sie wollte unseren Asylbewerbern 30 Kilo Lammfleisch für das Eid al-Adha-Fest schenken. Ich war nicht überrascht, ich kannte diese Tradition ja bereits.

Bevor ich das Haus verließ, erinnerte ich mich noch an die Tassen, die ich für die drei Familien mitgebracht hatte. Ich hatte so viele Tassen zuhause und wollte nun gerne einen Teil in der Passauer Straße lassen. Ich gab sie Fatima. Ich wusste, dass sie nicht alle selbst behalten, sondern mit den anderen Familien teilen würde. Sie dankte mir, sah mir in die Augen und begann Arabisch mit mir zu sprechen. Natürlich verstand ich nicht richtig, was sie sagte, aber ich begriff die Kernaussage. Ich verstand, dass sie genügend Tassen für ihre eigene Familie hatte. Sie würde daher alle meine Tassen direkt den beiden neuen Familien geben. Ich fand ihre Geste sehr ehrenwert und mochte sie dafür umso mehr.

Die beiden neuen Familien aus der Passauer Straße integrierten sich sehr schnell. Nasser und Nahom kamen regelmäßig zweimal pro Woche ins Familienzentrum, um Deutsch zu lernen. Weil Abir so viele kleine Kinder hatte, konnte sie nicht kommen. Mariam, die eritreische Mutter, hatte Probleme beim Gehen. Daher beschlossen wir die Frauen zu Hause zu unterrichten. Hilda und Beate kamen zweimal wöchentlich zum Unterrichten zu ihnen. Ob sie wirklich Deutsch lernten? Ich glaube, ein bisschen schon. Was letztendlich wohl mehr zählte, waren aber die gemeinsamen, friedvollen Momente, die gemeinsam verbrachte Zeit.

Natürlich war es für alle nicht immer leicht, in einem Haus zusammenzuleben, mit so vielen Kindern, mit der

Sprachbarriere – Mariam sprach nur ein wenig Arabisch –
und mit den kulturellen Unterschieden. Fatima beschwerte
sich oft über den Lärm der Kinder oder die schmutzige Küche. Doch ich besuchte das Haus sehr gern. Inzwischen kannten mich alle und auch wenn die Sprache oft eine Hürde war,
verbrachten wir bei einem Kaffee am Küchentisch richtig gute
Zeit miteinander. Wir brachten uns gegenseitig deutsche und
arabische Vokabeln bei. Und wenn ich sie besuchen kam, sah
ich immer strahlende Gesichter und die Spannung im Haus
war für einen Moment vergessen. Am Anfang kochte Fatima
den Kaffee für mich. Aber schon bald wird mir Abir Tee und
Mariam eritreisches Essen anbieten. Manchmal wurde mir
schon um zehn Uhr vormittags ein Mittagessen angeboten. Es
ist immer unhöflich Nein zu sagen, deswegen habe ich gegessen, was mir angeboten wurde. Auch wenn es noch viel zu
früh für eine weitere Mahlzeit war...

Eines Tages öffnete Mariam mir die Tür. „Ah Carolina,
meine Schwester, willkommen", sagte sie, als sie mich sah,
und umarmte mich herzlich. Es war vormittags und Mariam
hatte gerade köstliches Ingera zubereitet, ein dünnes Sauerteigbrot, das es in Eritrea, aber auch in Äthiopien gibt, und
eine Linsensoße. Ich fühlte mich sofort nach Reading in Großbritannien zurückversetzt, wo ich einmal pro Woche mit meinem Mann in ein äthiopisches Restaurant gegangen bin. Ingera und Linsensoße standen dort immer auf der Speisekarte.
„Setz dich, setz dich. Möchtest du?", fragte Mariam mich auf
Englisch, während sie schon etwas von dem Essen für mich
auf einen Teller gab. Also nahm ich es, sagte aber, dass ich nur
ein kleines Bisschen probieren wolle. „Shouayh", auf Arabisch. Abir, die auch in der Küche war und mich mit einer
Umarmung begrüßt hatte, lachte jedes Mal, wenn ich versuchte, Arabisch zu sprechen, und auch heute war es nicht anders.
Sie machte Tee für uns alle. Als dann Fatima dazukam, kochte

sie Kaffee, wie Araber es tun, um zu zeigen, dass man willkommen ist. Es war erst zehn Uhr morgens und mir war nicht gerade nach Linsen zum Kaffee, dennoch, ich schwebte im siebten Himmel. Sie alle waren immer so herzlich und das machte mich glücklich.

Ein paar Wochen später, als ich Nasser besser kennengelernt hatte, erfuhr ich die Geschichte seiner Flucht. Kurz nachdem der IS die Kontrolle über Deir az-Zor übernommen hatte, entschied sich die Familie zu fliehen. Sie hatten Geld gespart und konnten es sich leisten. Aber es blieb sehr gefährlich, eine solche Reise mit so vielen kleinen Kindern zu unternehmen. Die Situation muss schrecklich gewesen sein. Entscheidend für ihren Entschluss war das Schicksal von Nassers Bruder. Eines Tages, als sein Bruder in der Arbeit war, kam al-Assads Polizei in die Fabrik, suchte ein paar der Männer aus, die dort arbeiteten, darunter auch Nassers Bruder, und schickte sie nach draußen. Ohne zu fragen. Sie mussten sich hinknien und die Hände hinter den Kopf legen und dann wurden sie alle erschossen, einer nach dem anderen. Draußen vor der Fabrik. Dann ging die Polizei. Der Grund für dieses Massaker war nicht klar. Ich denke, das ist es, was wir Krieg nennen.

Mit viel Glück hatte es Familie Haddad geschafft die nördliche syrische Grenze zur Türkei mit ihren Kindern zu überqueren. Das war Aziz und seiner Familie nicht gelungen, als sie versucht hatten, aus dem Norden Syriens zu fliehen. Die Haddads hatten die Route genommen, die Frontex[9] als

---

[9] Die Europäische Agentur für die operative Zusammenarbeit an den Außengrenzen der Mitgliedstaaten der Europäischen Union, kurz Frontex (Akronym für Französisch *frontières extérieures*, Außengrenzen), ist eine Gemeinschaftsagentur der Europäischen Union. Frontex wurde im Jahr 2004 durch die Verordnung (EG) 2007/2004 des Rates der Europäischen Union vom 26. Oktober 2004 errichtet. Die Agentur koordiniert die operative Zusammenarbeit der EU-Mitgliedstaaten im Bereich des Schutzes der Außengrenzen, unterstützt die Mitgliedstaaten bei der Ausbildung von nationalen Grenzschutzbeamten und legt unter anderem gemeinsame Ausbildungsnormen

östliche Mittelmeerroute bezeichnet (Karte 2, Seite 191). Diese Route beginnt in der Türkei und verläuft über Griechenland, den Süden von Bulgarien oder Zypern in die Europäische Union. Diese Variante war seit 2008 einer der größten Hotspots für Migranten. Laut Frontex sind die Schleuser in Istanbul, Izmir, Erdine und Ankara tätig. Im Fall der Haddads kamen sie aus Izmir.

In einem Laster wurde Nassers Familie dann von Izmir durch die Türkei gebracht und überquerte schließlich die europäische Grenze nach Bulgarien. Zehn Tage steckten sie in diesem Laster fest. Zehn Tage ohne Tageslicht. Mit ihren sieben Kindern, das achte wurde auf dem Weg geboren. Ich frage mich immer noch, wie die Kinder diese grauenhaften Zustände überlebt haben. Wie schafften sie es, ohne Essen und Wasser? Aber sie haben überlebt. Wie viele andere, die rechtzeitig aus Syrien fliehen konnten.

Flucht aus Eritrea

Poing hatte nun ein Haus mit vier Pakistani und eines mit einer eritreischen und zwei syrischen Familien. Insgesamt lebten in Poing 20 Asylbewerber. Inzwischen hatte sich eine gewisse Routine entwickelt. Die Pakistani gaben keine Kochkurse mehr, weil sie auf der Suche nach Arbeit waren und

---

fest. Außerdem erstellt sie Risikoanalysen, verfolgt die Entwicklung der für die Kontrolle und Überwachung der Außergrenzen relevanten Forschung, unterstützt die Mitgliedstaaten in Situationen, die eine verstärkte technische und operative Unterstützung an den Außengrenzen erfordern und leistet die erforderliche Hilfe bei der Organisation gemeinsamer Rückführungsaktionen der Mitgliedstaaten. 2015 wurden von den Flüchtlingen drei Routen bevorzugt: die 'Westliche Balkan-Route' mit 764.000 Migranten, die 'Östliche Mittelmeer-Route' mit 885.000 Migranten und die 'Zentrale Mittelmeer-Route' mit 157.000 Migranten.

schon bald fündig werden sollten. Die Flüchtlinge aus der Passauer Straße lernten mit unseren fleißigen Deutschlehrern intensiv Deutsch.

Irgendwann erzählte Nahom uns, wie er nach Europa gekommen war. Ich konnte natürlich kein Tigrinia, seine Muttersprache, und Nahoms Englisch war schlecht. Er sprach aber Arabisch und Aziz übersetzte seine Geschichte für mich. Nahom benutzte auch viele visuelle Hilfsmittel zur Verständigung, deshalb war es letztendlich nicht so schwierig seiner Schilderung zu folgen.

Nahoms Familie hatte eine uns bisher unbekannte Route nach Europa genommen. Mir war dieser Weg neu, aber es war wohl jener, welchen die meisten unserer Asylbewerber im Jahr 2014 nehmen würden: über Libyen nach Italien oder Malta. Frontex bezeichnet diese Route als die zentrale Mittelmeerroute, die vor allem von Migranten aus Westafrika oder vom Horn von Afrika genommen wurde (Karte 1 und Karte 2, Seite 190 und 191).

Wir wissen nicht viel über Eritrea. Das Land hat sich abgeschottet und lässt keine ausländischen Journalisten oder politische Beobachter hinein. Auf der Rangliste der Pressefreiheit von 'Reporter ohne Grenzen' belegt Eritrea seit Jahren den letzten Platz, noch nach Nordkorea. Selbst der Diktator Isayas Afewerki, der seit 1991, seit Ende des drei Jahrzehnte dauernden Unabhängigkeitskriegs von Äthiopien, an der Macht ist, ist vergleichsweise unbekannt.

Die Eritreer bilden die zweitgrößte Gruppe von Flüchtlingen in Europa. 360 000 Eritreer befanden sich letztes Jahr außer Landes und das bei einer Bevölkerung von gerade mal 5 Millionen Menschen. Die Menschenrechtslage im Land ist äußerst prekär. Der Diktator hat ein repressives System aufgebaut, in dem Menschen willkürlich festgenommen, inhaftiert, gefoltert und getötet werden oder einfach verschwinden. Viele werden UN-Berichten zufolge jahrelang inhaftiert, ohne zu wissen, was ihnen vorgeworfen wird. Foltermethoden wie Elektroschocks, Beinahe-Ertrinken und sexuelle Misshandlung stehen auf der Tagesordnung. Beklagt wird ebenfalls das System des unbegrenzten Wehrdienstes, in dem Menschen wie Sklaven zum Militärdienst gezwungen werden. Der Wehrdienst beginnt für Jugendliche im letzten Schuljahr und ist nach Angaben des eritreischen Außenministeriums gesetzlich auf 18 Monate beschränkt. Die Regierung rechtfertigt den letztlich unbegrenzten Wehrdienst jedoch mit der angeblichen Bedrohung durch Äthiopien. Armut ist also nicht das Hauptthema. Die Bevölkerung muss unter ständiger Repression leben und mit der Ungewissheit, was der nächste Tag wohl bringen mag.[10]

Nahom erklärte mir, dass sie zunächst die Grenze nach Sudan überquert hatten und dann nach Libyen fuhren. Der Großteil der Reise führte sie durch die Sahara. Zuerst verstand ich es so, dass er in Ajdabiya, im Nordosten der libyschen Küste, auf einen Frachter gestiegen war, um nach Griechenland zu gelangen. Aber nach kurzer Recherche wurde seine Geschichte klarer. Sie müssen es gemacht haben wie viele andere vor ihnen: Sie kamen über Kufra im südöstlichen Sudan nach Libyen, gingen weiter nach Ajdabiya, um schließlich nach Tripolis zu gelangen. Die Eritreer zählen zu den größten Migrantengruppen in Tripolis. Der Exodus wird größtenteils von anderen Eritreern finanziert, die sich schon in Europa befinden. Die Reise ist teuer: Die Migranten müssen 400 US-Dollar bezahlen, allein um die libysche Grenze zu überqueren, dann genauso viel noch einmal für die Reise zur Küste und dann für das Boot nach Europa noch einmal min-

---

[10] Quelle: http://www.augsburger-allgemeine.de/politik/Warum-fliehen-tausende-Menschen-aus-Eritrea-id35343252.html

destens 1.000 US-Dollar. Diejenigen, die es über das Meer schaffen, zahlen das Geld über ihr Gehalt oder die Sozialhilfe zurück.

Nahom erzählte, wie er zehn Stunden in einem Container gesteckt hatte, ohne sich bewegen zu können, ohne ein Geräusch machen zu können, ohne Essen, Wasser und Toilette. Auch die kleine Yohanna, die fünf Jahre alt war, musste dasselbe durchmachen. Als er diesen Teil der Geschichte erzählte, dachte ich, dass er auf einem Boot gewesen war, aber nein, ich lag falsch. Es ist ein LKW gewesen. Er war auf einem Laster über die Grenze geschmuggelt worden, der entweder landwirtschaftliche Produkte, Heu oder Tierfutter geladen hatte. [11]

Zeit wurde in Nahoms Schilderungen nicht erwähnt. Ich weiß nicht, wie lange sie gebraucht haben, um die Sahara zu durchqueren. Ich weiß nicht, wie lange sie im Sudan oder in Libyen geblieben sind. Wie lange mussten sie warten, um von einem Ort zum nächsten gebracht zu werden? Manche warten vier Jahre, bis sie einen Platz auf einem der meeresuntauglichen Fischerboote bekommen. Die Dauer von Nahoms Reise war mir immer noch nicht klar. Es hörte sich aber schrecklich lange an, wohl eher nach ein paar Jahren.

Andere Flüchtlinge, die über dieselbe Route nach Poing gekommen waren, erzählten uns später mehr von Libyen. Es war bestimmt kein Paradies, wohl eher die Hölle. Sie berichteten, dass es ganz normal war nach der Ankunft in Libyen ins Gefängnis zu kommen. Die einzige Möglichkeit, wie man dieses wieder verlassen konnte, war zu zahlen. Oder man musste sterben. Wir kennen keine Details, wir wissen nur, es war

---

[11] 2015 war eine Gruppe von Eritreern bei ihrem Versuch, nach Libyen zu gelangen, in einem Laster entdeckt worden, unter einer großen Ladung von Ziegelsteinen. 85 Männer und Frauen. Die Migranten waren zusammengekauert und konnten nicht einmal stehen in dem weniger als einen Meter hohen Hohlraum, unter Tonnen von Ziegelsteinen. Genau so hatte Nahom uns seine Reise beschrieben.

schlimm, sehr schlimm. Die Flüchtlinge erzählten von Folter, Vergewaltigung und viel zu wenig Essen.

Für Helfer ist es wichtig, diese Geschichten ein wenig zu kennen. Wenn die Migranten in einem europäischen Land ankommen, haben manche entsetzliche Reisebedingungen ertragen, andere Verhaftung und Folter erlebt. Viele, die überleben, werden einen Weg finden müssen, das Geld für die Reise zurückzuzahlen. Die Sprache des Aufnahmelandes zu lernen oder die Kultur zu verstehen, steht oft ganz unten auf der persönlichen To-do-Liste der Asylbewerber. Viele fühlen sich unter Druck gesetzt. Sie haben in ihrer Heimat eine Familie oder ein Dorf zurückgelassen, das nun auf Geld wartet. Viele Migranten, die nach Europa kommen, haben nur eine einzige Mission: einen Job zu finden, Geld zu verdienen, das sie nach Hause schicken können.

Jobs für unsere Pakistani

Inzwischen waren die Pakistani, unsere allerersten Asylbewerber, fast neun Monate in Deutschland, was sie nach deutschem Gesetz zum Arbeiten berechtigte. Drei Monate zuvor hatten sie ihre Ausweise erneuern lassen müssen, die immer nur sechs Monate gültig waren. Auch wir Helfer hatten keine Erfahrung mit diesen bürokratischen Abläufen. Es machte uns nervös und wir waren so naiv zu denken, dass ihre Papiere vielleicht nicht erneuert werden konnten. Tatsächlich bedurfte es nur eines Anrufs, um festzustellen, dass es überhaupt nicht schwierig war. Es war nur ein gewöhnlicher und unkomplizierter Erneuerungsvorgang in Ebersberg, wohin die Asylbewerber sowieso einmal im Monat fuhren, um ihr Taschengeld abzuholen. Nach neun Monaten erhielten sie alle ein Schreiben von der Bundesagentur für Arbeit, das die Erlaubnis zum Arbeiten bestätigte. Die Arbeitssuche war ein ermüdender Prozess. Die drei Pakistani hatten diesbezüglich ganz unterschiedliche Vorgehensweisen. Azfar, der lesen konnte und zu jeder Arbeit bereit war, um seine Familie zu Hause in Sialkot versorgen zu können, schickte jeden Tag Bewerbungen an alle Firmen, die er in und um Poing finden konnte. Jeden Tag besuchte er diverse Unternehmen in Poing, um nachzufragen, ob es Arbeit für ihn gab. Er gab nie auf. Er tat es auf Englisch, weil er wusste, dass sein Deutsch nicht gut genug war. Es dauerte eine Weile, aber letztendlich lohnte sich sein Bemühen. Er fand einen Job als Lagerassistent in einer Firma in Poing. Er schaffte es ohne unsere Hilfe. Sobald er die Zusage des Unternehmens bekommen hatte, schickte er sie ans LRA in Ebersberg, damit diese sie zur Prüfung ans Arbeitsamt weiterleiten konnten. An jenem Tag rief Azfar mich an, um mir von den Neuigkeiten zu erzählen. Ich freute mich sehr für ihn. Er hatte es sich verdient, einen Job zu bekommen. Er bat mich, eine E-Mail nach Ebersberg zu schreiben, um zu bestätigen, dass er Arbeit gefunden hatte und dass seine Papiere per Post zum LRA unterwegs waren. Es war mühsam, auf die Prüfung der Bewerbung zu warten. Nach zwei Wochen kam dann endlich die Bestätigung. Es war ein gutes Gefühl. Wir feierten es sogar im Deutschkurs. Azfar war unser erster Asylbewerber, der einen Job gefunden hatte und bald anfangen würde zu arbeiten.

Arfeen, der ein sehr stilles und schüchternes Wesen hatte, fand auch allein Arbeit. Ich stand ihm nie nahe, deshalb weiß ich nicht genau, wie er es angestellt hat. Aber ich weiß, dass auch er viel Zeit mit der Suche verbracht hatte und letztendlich Arbeit in einer Küche in Markt Schwaben fand, in einem Ort nicht weit von Poing entfernt, nur drei Minuten mit der S-Bahn. Er war derjenige, der am besten kochen konnte. Das hatten wir schon bei unseren Kochkursen bemerkt. Deshalb wunderte es mich nicht, dass er sich bei seiner Suche auf eine Arbeit in der Küche konzentriert hatte.

Hosni bekam Hilfe von den Deutschlehrern. Inzwischen hatte er zwei Lehrer, die ihn wöchentlich unterrichteten. Er war der Asylbewerber in Poing, der die meiste und intensivste Unterstützung bekommen hatte. Seine Lehrer standen ihm vom Anfang bis zum Ende zur Seite, von der Jobsuche über den Antrag beim Finanzamt bis hin zur Krankenversicherung bei der AOK. Es war ganz interessant, wie er seinen Job fand. Im Oktober 2014 veranstalteten wir ein Internationales Fest im Familienzentrum und wir brauchten Tellerwärmer, um das Essen während der Veranstaltung warm zu halten. Ich wusste nicht, wie ich das machen sollte, aber dann fragte ich bei einer lokalen Catering-Firma nach. Sie waren sehr überrascht von meiner Anfrage, weil sie ihre Tellerwärmer normalerweise nicht verleihen, aber sie gaben mir welche. Nicht nur dieses eine Mal, sondern auch für viele weitere Feste. Als ich am Tag vor dem Fest zu ihnen ging, fragte ich, ob sie eventuell eine Stelle für unsere Asylbewerber hätten. Die Leiterin, eine sehr nette Dame, meinte, dass es womöglich bald eine Gelegenheit geben würde und dass sie mich dann anrufen würde. Eine Woche später erwähnte Hosnis Lehrerin, dass er sich für einen Job bei ebendieser Catering-Firma beworben hatte, in der Zeitung hatte es ein entsprechendes Inserat gegeben. Er hat ihn auch bekommen. Vielleicht auch, weil ich bei der Leitung um eine Stelle für Asylbewerber gebeten hatte. Wer weiß? Ich habe nie weiter danach gefragt.

Bevor unsere drei Männer einen richtigen Job fanden, hatten Arfeen und Hosni schon einige Arbeiten für die Gemeinde erledigt, im Rahmen der sogenannten 1-Euro-Jobs. Diese Arbeiten dürfen nur für gemeinnützige Zwecke in einer örtlichen Einrichtung der Gemeinde erfolgen, einem Wertstoffhof, einer Schule oder einem Kindergarten. Es darf keine Arbeit für Privatpersonen sein. Unsere Asylbewerber haben also eine solche Möglichkeit bekommen.

Manchmal verstehen sie nicht, warum sie für nur 1,05 Euro pro Stunde arbeiten sollen. Aber tatsächlich ist es eine sehr gute Gelegenheit, um herauszufinden, wie das deutsche System funktioniert und erste Arbeitserfahrungen zu sammeln. Darüber hinaus sind sie versichert, falls irgendetwas schief geht. Hosni arbeitete in einem Sportzentrum in Markt Schwaben. Er fuhr jeden Tag mit dem Rad dort hin und arbeitete sehr gerne. Er kümmerte sich um die Rasenflächen und erledigte auch andere Arbeiten im Außenbereich. Arfeen blieb in Poing und arbeitete am Baubetriebshof. Sie arbeiteten da jeweils ein paar Monate lang, bis sie eine passendere Festanstellung gefunden hatten. Azfar wurde nie ein 1-Euro-Job angeboten und ich frage mich immer noch, warum. Vielleicht, weil die Zahl der Stellen begrenzt war.

Veranstaltungen

Für den 11. Oktober 2014 hatten wir ein Internationales Fest im Familienzentrum geplant. Die meisten Leute, die ich zu diesem Fest eingeladen hatte, hatten zugesagt, unsere lokale Catering-Firma lieh mir wieder einmal Tellerwärmer und viele meiner Freunde und Bekannten waren bereit, ein Gericht aus ihrem Heimatland zu kochen. Ich bekam Zusagen für Speisen aus Brasilien, Thailand, Kenia, Vietnam, Frankreich, Italien, Bulgarien, Finnland, Polen, Türkei, Spanien, Deutschland sowie Syrien und Pakistan.

Fatima Khaled, die eine sehr gute Köchin war, verbrachte einen ganzen Vormittag damit, köstlichen Hummus, Falafel und andere Spezialitäten aus dem Nahen Osten vorzubereiten. Schon ein paar Wochen vorher hatte ich ihr vom Internationalen Fest erzählt und sie gefragt, ob sie mithelfen wolle. Natürlich wollte sie. Sie liebte es für andere zu kochen. Großartig. Auf diese Weise konnten wir die Migranten an unseren lokalen Veranstaltungen beteiligen, sie ein Stück weit integrieren, ganz praktisch, ganz konkret. Fatima freute sich sehr etwas zum Fest beitragen zu können. Und sie schenkte uns das, was sie am besten konnte: ihr mit Liebe gemachtes Essen.

Als ich an jenem Tag am späten Vormittag zu ihr kam, war sie mit der Arbeit fast fertig und mit ihrem Sohn Abdel packten wir die ganzen Teller und Töpfe ins Auto. Der Rücksitz meines Wagens war komplett voll, als ich wegfuhr.

Für diese Veranstaltung bemühte ich mich sehr, möglichst viele Vereine aus Poing zu kontaktieren. Ich wollte sie zu einem kleinen Auftritt im Rahmen des Internationalen Festes überreden. Viele positive Antworten kamen zurück und so konnten wir an diesem Tag ein tolles Programm anbieten: eine deutsche Musikkapelle, vietnamesisches Theater, Zumba und Flamenco, arabischen Bauchtanz, afrikanische Trommeln, bosnische Tänze und Capoeira. Das Publikum hat sofort mitgetanzt und die Stimmung war von Anfang an locker und friedlich.

Dieses Fest war für mich von großer Bedeutung, denn solche Veranstaltungen haben in meinen Augen das Potential Dinge zu verändern. Viel positive Energie und eine Atmosphäre voller Freude macht es möglich, dass Menschen aus sich herauskommen und eine Art Komplizenschaft und Solidarität mit anderen zulassen. Etwas, das im Alltag nur schwer möglich ist. Diese neue und zarte Verbundenheit hilft allen dabei das Zusammensein zu genießen und vielleicht auch festzustellen, dass wir letztendlich alle Menschen mit ziemlich ähnlichen Bedürfnissen sind.

Was mich an diesem Tag wirklich glücklich machte, war es zu sehen, wie die verschiedenen Kulturen sich vermischten und die Leute miteinander Spaß hatten. In diesem Moment spielten Sprachbarrieren, Hautfarbe oder religiöse Unterschiede keine Rolle. Wichtig war das Hier und Jetzt, diese neue Gemeinschaft zwischen ganz verschiedenen Menschen. Das Internationale Fest war die erste Veranstaltung, zu der ich alle unsere Flüchtlinge eingeladen hatte.

Auch in unserem Helferkreis spürten wir ein großes Zusammengehörigkeitsgefühl. Im Laufe des Jahres stießen immer mehr Leute zu unserer Gruppe. Natürlich verließen uns auch ein paar. Wir hatten als Helfer mit Deutschkursen begonnen, aber wir waren auch da, um bei Angelegenheiten rund um Kindergarten und Schule zu helfen, bei sportlichen Aktivitäten, bei Arztbesuchen. Wir waren da, um offizielle Briefe der Behörden zu erklären. Und oft waren wir einfach nur Freunde und Zuhörer.

Nach und nach entwickelten wir eine Reihe weiterer Aktionen.

Wir begannen einmal pro Woche einen Spieletag für Kinder von Flüchtlingen und deutschen Kindern zu organisieren. Anna, eine Mutter aus Poing, hatte selbst zwei kleine Kinder. Sie fand diese Idee großartig und war als erste bereit, diesen regelmäßigen Spieletag bei sich zu Hause zu veranstalten. Auch die Migrantenfamilien waren mit der Initiative einverstanden, obwohl sie zu Beginn das Konzept nicht ganz verstanden und besorgt waren, ihre Kinder bei fremden Leuten zu lassen. Yohanna und Nadia, beide waren etwa sechs Jahre alt und wohnten in der Passauer Straße, waren Annas erste Besucher.

Ich sah in dieser Initiative eine großartige Möglichkeit die Integration der Flüchtlinge in die Gemeinde zu erleichtern.

Letztendlich war es ein echter Austausch. Einerseits konnten die Kinder der Flüchtlinge ihre Deutschkenntnisse verbessern und einmal pro Woche aus dem Haus kommen, um neue Leute kennenzulernen. Andererseits erfuhren die deutschen Kinder von den Migranten, warum sie überhaupt nach Deutschland gekommen waren und was sie alles auf ihrer Reise erlebt hatten.

Für Erwachsene gab es einmal im Monat einen Spieleabend. Auch diese Initiative wurde sehr gut angenommen. Ebenso die Filmabende. Unser erster Film war „Mister Bean" und es war ein voller Erfolg. Ich hatte noch nie so viele Menschen zusammen über Mister Beans Dummheiten lachen sehen.

In Kooperation mit Claudia, einer brasilianischen Friseursalonbesitzerin, starteten wir eine weitere Aktion. Claudia wollte den Asylbewerbern einmal im Monat die Möglichkeit bieten sich kostenlos die Haare schneiden zu lassen. Da ich wusste, dass Fatima in Damaskus als Friseurin gearbeitet hatte, fragte ich sie, ob sie Claudias Assistentin für dieses Projekt werden wollte. Sie sagte zu. Sie war sehr glücklich und stolz, dass ich sie gefragt hatte.

Zur selben Zeit wollten wir auch die Kochkurse wieder aufleben lassen. Diesmal mit Fatima, Abir und Mariam. Die Pakistanis konnten das Kochen nicht mehr übernehmen, weil sie alle Arbeit gefunden hatten. Allerdings hatte ich mit Fatima, Abir und Mariam drei großartige Köchinnen in der Passauer Straße, die genügend Zeit und viel Lust auf dieses Projekt hatten. Wir begannen damit, die verschiedenen Vorschriften abzuarbeiten, die erfüllt werden mussten, um mit dem Kochprojekt anfangen zu können. Zum Beispiel die Hygienebelehrung beim Arzt oder eine Hygieneschulung im Familienzentrum. All das erforderte Organisation und Zeit. Leider verließen uns die drei Familien, kurz nachdem wir das Projekt begonnen hatten.

All das, was wir schon organisiert hatten und nach wie vor organisierten, war eine riesige Zeitinvestition vonseiten unserer Ehrenamtlichen. Deshalb waren wir nicht ganz sicher, ob wir ein weiteres Projekt wagen sollten. Schlussendlich beschlossen wir es zu versuchen. Es war unser „Café International“. Wir wollten unseren Asylbewerbern einen sicheren Ort anbieten, an dem sie sich wohlfühlen und Fragen auf ihre Antworten erhalten konnten: eine Kombination aus einem Kaffeetreffen und einem Beratungsort, einmal pro Woche. Es war eine weitere Gelegenheit für unsere Jungs, aus dem Haus zu kommen, ihre Routine zu durchbrechen und andere Leute zu treffen als die, mit denen sie zusammenlebten. Das „Café International“ war für ganz Poing geöffnet, jeder war willkommen. Später würde das Café ins Jugendzentrum umziehen, wo es einen Billardtisch, einen Tischtennistisch, Dart-Tafeln, Kicker und Videospiele gab, ein wahres Paradies für junge Flüchtlinge. Sehr schnell wurde das Café unsere erfolgreichste Veranstaltung, so erfolgreich, dass es fünf Monate später bereits zweimal in der Wochen geöffnet hatte.

Ein weiterer Höhepunkt im Rahmen unserer Aktivitäten war ein ganz besonderer Theaterabend. Beate, eine unserer Deutschlehrerinnen, hatte die Organisation dafür übernommen. Die Theatergruppe spielte ehrenamtlich im Münchner Umland, um den Gemeinden verschiedene Aspekte von Migration und Flucht näherzubringen. Sie verlangten Eintritt, um ihre eigenen Kosten zu decken, und spendeten den Rest an eine Wohltätigkeitsorganisation, die der Gastgeber auswählen durfte. Der Titel des Stücks lautete „Schlösser in Spanien“.

Die Geschichte der Aufführung drehte die aktuelle Lage rund um die Flüchtlinge einfach um. Anstatt von einer afrikanischen Migration nach Europa zu sprechen, handelte die Geschichte von einer europäischen Migrationsbewegung nach Afrika. Eine spanische Frau und drei Männer aus Deutschland, Großbritannien bzw. Nigeria waren die Hauptakteure. Die Schauspieler sprachen in mehreren Sprachen: Deutsch, Spanisch, Englisch, ein bisschen Französisch und afrikanische Sprachen. Auch Musik war allgegenwärtig, vom Flamenco über afrikanische Gesänge bis hin zu Trommeln. Musik war das wichtigste Kommunikationsmittel, wenn Worte nicht ausreichten, um Emotionen in dramatischen Situationen auszudrücken.

Unsere Asylbewerber erschienen zahlreich und sie mischten sich gleich unter die heimische Bevölkerung. Ich genoss dieses Zusammensein, bei dem Leute von überall auf der Welt nebeneinander saßen und gemeinsam einen kulturellen Moment erlebten. Die Asylbewerber schienen den Abend zu genießen, denn die meisten blieben bis zum Ende. Sie konnten ihre Gedanken für einen Augenblick abschalten und aufhören, sich Sorgen über die Zukunft zu machen. An diesem Abend war es ihnen genehmigt, oder genehmigten sie es sich selbst, das Hier und Jetzt zu genießen, sich an der Unterhaltung und der Kunst zu erfreuen und ihre quälenden Gedanken eine Zeitlang beiseite zu lassen. Was morgen kam, war ein paar Stunden lang nicht von Bedeutung.

Obwohl die Schauspieler eine umgekehrte Situation verwendeten, um ihre Botschaft zu vermitteln, war das eigentliche Thema natürlich die aktuelle Migration nach Europa. Sie stellten jene Reise dar, die all unsere jungen Asylbewerber tatsächlich erlebt hatten. Im Stück konnten die jungen Männer ihre eigene Reise nachempfinden, auch wenn sie von Süden nach Norden führte und nicht umgekehrt.

Die Einladung zum Theaterabend sollte den jungen Männern zeigen, dass sie jetzt zu uns gehörten, zu unserer

Gemeinde. Jetzt waren sie an einem sicheren Ort und konnten mit dem Publikum über so manche lustige Szene lachen. Sie müssen bemerkt haben, dass sie dazugehörten. Auch ich habe es gespürt. An diesem Abend gingen wir alle mit einem schönen Gefühl in unseren Herzen nach Hause, einem Gefühl, dass niemand uns je wieder nehmen konnte.

Die Turnhalle

Im Oktober 2014 kamen neue Asylbewerber in Poing an. Weil es im Ort nicht genug Schlafplätze gab, hatte das Landratsamt beschlossen die neuen Asylbewerber in der Turnhalle der örtlichen Schule unterzubringen. Diesmal waren es nicht nur Palästinenser und Syrer. Wir begrüßten auch unsere ersten Nigerianer: vier schwangere Frauen, eine Mutter mit einem kleinen Mädchen und ein Ehepaar mit zwei Kleinkindern. Alles in allem 14 Personen.

Diese Menschen mussten sich nun in der Turnhalle, mitten in einer Schule, umgeben von Schülern, zurechtfinden. Die Syrer waren Muslime, die Nigerianer Christen. Die Turnhalle war aufgeteilt worden, um allen etwas Privatsphäre zu gewähren und die Nationalitäten ein wenig voneinander zu trennen.

Die Halle erfüllte durchaus die wichtigsten Grundbedürfnisse: Schlafen, Kochen und Waschen war möglich. Aber schon bald waren die Nigerianerinnen genervt, weil sie der Meinung waren, sie bräuchten weit mehr als nur die Befriedigung dieser Grundbedürfnisse. Einige waren schwanger, sie wollten auf der Stelle in eine Wohnung. Ich besuchte sie ein paar Mal, spürte jedoch gleich, mit welcher Verachtung sie mir entgegentraten. Unsere Hilfe war für sie mehr als nur selbstverständlich. Ich glaube nicht, dass sie wussten oder sich dafür interessierten, dass wir Ehrenamtliche waren, die in ihrer Freizeit Hilfe leisteten. Es war eigentlich nicht unser Job. Wir erwarteten keinen Dank, aber wenigstens ein bisschen Respekt und Höflichkeit.

Als ich erwähnte, dass ich Deutschkurse organisierte, schien sie das nicht besonders zu interessieren. Ich verstand, dass es für sie nicht höchste Priorität hatte. Tatsächlich kamen sie während all der Zeit, die sie in Poing verbrachten, kein einziges Mal zu einem Kurs. Und irgendwie konnte ich das auch verstehen. Sie waren hochschwanger und mehr damit beschäftigt zu Ärzten zu gehen als die Sprache zu lernen. Ich hatte auch den Eindruck, dass sie nur eine große Mission hatten: eine Wohnung zu finden. Ihre Ehemänner waren noch in Italien. Drei oder vier Jahre waren sie mit ihnen dort geblieben, doch weil die ökonomische Situation in Italien nicht gerade die beste war, wollten sie ihr Glück nun anderswo versuchen. Deutschland war vermutlich ein ziemlich gutes Ziel.

Für die Muslime war das Zusammenleben in der Turnhalle zu Beginn eher schwierig. Sie mussten damit leben, den ganzen Tag laute afrikanische Musik zu hören und leichtbekleidete nigerianische Frauen an ihnen vorbeigehen zu sehen. Ein echter Kulturschock. Aus dem Blickwinkel eines neutralen Beobachters gesehen konnte man aber auch meinen, dass dies gar nicht so schlecht war. So wurden sie dazu gezwungen, über den eigenen Tellerrand hinauszuschauen und zu sehen, dass es auf dieser Welt nicht nur eine Kultur oder eine Religion gab. Vielleicht konnte diese sehr spezielle Situation den Leuten dabei helfen, ihre „Weltkarte" etwas zu überdenken und neu zu gestalten. Es war vielleicht etwas naiv, so zu denken.

Für manche Leute war es einfach zu spät, sie auf diese Weise herauszufordern. Ab einem gewissen Alter ist manchmal kein Platz mehr für neue Ideen und Veränderungen. Darüber hinaus konnte diese Art von Herausforderung das Trauma bereits traumatisierter Menschen erneut aufleben lassen. Wir hatten den Fall eines Vaters, der mit seinen zwei Kindern in die Turnhalle gekommen war. Während der Reise waren seine Kinder durch Schwarzafrikaner traumatisiert worden. Ich verstand nicht genau warum. Für sie war es unmöglich, zusammen mit den Nigerianern in der Turnhalle zu schlafen. Da der Vater ein Verwandter der Haddads war, gingen die Kinder zum Schlafen zu den Haddads in die Passauer Straße.

Marwan hatte mit seinem vierjährigen Sohn das Mittelmeer überquert. Ich hatte mit ihm nur einmal gesprochen, um ihn über die Deutschkurse zu informieren. Nachdem ich ihm mithilfe eines Dolmetschers per Telefon Bescheid gegeben hatte, dankte er mir höflich, aber ich wusste, dass ich ihn nie im Unterricht sehen würde. Angeblich hatte er seine Frau während der Flucht verloren. Sie war auf der Reise erschossen worden. Der Sohn war bereits in psychologischer Behandlung in Poing. Ich kann mir nicht vorstellen, was alles der kleine Junge während der Flucht gesehen und erlebt haben musste. Der Vater hatte Rückenprobleme. Er war mit Metallstangen in den Rücken geschlagen worden. Sobald er in Deutschland angekommen war, musste er am offenen Herzen operiert werden. Er war nun sehr schwach und konnte sich nicht richtig um seinen Sohn kümmern. Noch dazu litten sie beide an einem Norovirus, als sie in Poing ankamen, und das Kind hatte auch noch Läuse. Gleich nach ihrer Ankunft wollte Aziz ihnen helfen. Er besuchte Marwan in der Turnhalle, besorgte sogar Lebensmittel und kochte für ihn. Ich erfuhr davon nur, weil ich Aziz mit einer großen Einkaufstüte traf, als ich die Turnhalle nach meinem ersten Treffen mit den Neuankömmlingen verließ. Aziz half gerne. Die Solidarität zwischen den Asylsuchenden berührte mich. Ich fand das sehr gut. Es war wichtig, das zu sehen.

Eine Woche zuvor hatte ich mich mit Aziz über dieses Thema unterhalten. Er hatte mir erzählt, dass er in Damaskus daran gewöhnt war, allen möglichen Menschen zu helfen, die seine Hilfe brauchten. Er sagte das auf eine bescheidene Art, er wollte nicht damit angeben. Er wollte mir nur von seinem Leben in Damaskus erzählen. Aziz sagte auch, dass es für ihn hier in Europa schwieriger war, weil die Solidarität zwischen Palästinensern und Syrern mit der Überquerung des Mittelmeers verschwunden war. Niemand half sich mehr gegenseitig. Jeder versuchte, sein eigenes Leben zu retten. Es machte ihn richtig traurig. Mit Marwans Ankunft in Poing hatte er endlich die Gelegenheit, das zu tun, was er am liebsten tat: anderen helfen.

An diesem Freitag Aziz in der Turnhalle zu treffen, mit dem Essen, das er gerade für Marwan gekauft hatte, erfüllte mein Herz mit Freude. Es waren diese kleinen Details, diese kleinen Gesten, die mir zeigten und mich daran erinnerten, dass die Welt im Grunde genommen immer noch gut war. Es gab immer noch Hoffnung.

In Poing brach eine Zeit der Veränderung an.

Die ersten Asylsuchenden zogen weiter. Familie Khaled hatte endlich eine Unterkunft gefunden, nicht eine Wohnung, sogar ein Haus. Sie hatten Glück gehabt. Eine der Helferinnen, Marie Berg, hatte ein Haus in Mittelteich, drei Stunden von Poing entfernt in Richtung Tschechien. Im Moment stand es frei und Frau Berg bot es den Khaleds an. Sie nahmen das Angebot sofort an. Sie wollten unbedingt ihr eigenes Zuhause haben, auch wenn sie wussten, dass es von der nächsten größeren Stadt ein Stück entfernt sein würde. Es war wie ein Wunder. Endlich hatten sie einen Ort gefunden, an dem sie gerne als Mieter aufgenommen wurden. Von da an ging alles ganz schnell.

Auch die Haddads zogen kurz danach um. Sie wurden nach Vaterstetten verlegt.

Nahom und Mariam waren in einer anderen Situation. Auch sie verließen uns etwa zur selben Zeit, sie kamen nach Grafing bzw. nach München. Mariam hatte große gesundheitliche Probleme. Sie war in ihrer Heimat vom Militär eingezogen worden und hatte im Eritrea-Äthiopien-Krieg (1998 – 2000) kämpfen müssen. Eine Kugel hatte sie am Kopf getroffen, sie hatte überlebt. Allerdings hatte sie jetzt Schwierigkeiten beim Laufen und regelmäßig epileptische Anfälle. Erst im Laufe der Zeit hatten wir herausgefunden, dass Nahom nicht Mariams Ehemann und auch nicht Yohannas Vater war. Er hatte sich lediglich bereit erklärt, sich während der Reise nach Europa und während der Bearbeitung ihrer Asylanträge um sie zu kümmern. Als Mariam einen weiteren schweren epileptischen Anfall erlitt, wurde beschlossen, dass sie zur Behandlung nach München verlegt und von einem professionellen Team betreut werden sollte. Yohanna blieb bei ihr, aber Nahom wollte nun seine eigenen Wege gehen. Er hatte seine Aufgabe erfüllt. Er hatte sie auf dem ganzen langen Weg nach Deutschland unterstützt. Jetzt war sie in guten Händen.

Das Haus in der Passauer Straße stand einen Monat lang leer. Es war ein seltsames Gefühl. Von einem Tag auf den anderen waren sie alle fort. Was uns blieb, waren die Erinnerungen an eine ganz besondere Zeit, die wir miteinander verbracht hatten.

In der Zwischenzeit hatte das Landratsamt ein neues Haus für Migranten in der Berliner Straße gefunden. Der Besitzer war vor kurzem ohne Erben verstorben, sodass die Gemeinde, der es nun gehörte, entschieden hatte, das Haus für

Asylbewerber zu öffnen. Ein paar Syrer kamen kurz nach Weihnachten an, mitten in den Weihnachtsferien, als kaum jemand da war, um ihnen zu helfen. Sobald ich konnte, ging ich sie besuchen. Da waren Kamel und Abdelali, ein Vater mit seinem 17-jährigen Sohn, die aus Aleppo gekommen waren; Nahid, ein 19-Jähriger, der allein hier war; Mehdi, ein junger Kurde aus Syrien. Und Kadin und Reda, die offenbar eng befreundet waren.

Im Februar 2015 kam dann unsere erste große Migrantenwelle in die Turnhalle. 37 Gäste fanden dort Platz, während 13 Männer aus Eritrea das Haus in der Passauer Straße bezogen.

Für uns war das ein kleiner Schock. Noch nie waren so viele Asylsuchende auf einmal gekommen und ich fühlte mich ein bisschen überfordert. 37 neue Namen in meinem Notizbuch. Darauf waren wir nicht vorbereitet gewesen, wir mussten dringend unsere Unterrichtsstrategie ändern.

Ich erinnere mich sehr gut daran, wie ich die neuen Gäste zum ersten Mal in der Turnhalle besucht hatte. Es muss etwa elf Uhr vormittags gewesen sein. Die Sonne schien durch eine Reihe von Fenstern in den Seitenwänden von draußen herein. Alle schliefen, oder zumindest viele von ihnen. Der erste, den ich sah, war Majid. Er war ein gut aussehender junger Mann Anfang 20, der einen gebildeten, höflichen und sehr stolzen Eindruck machte. Als er mich sah, wusste er nicht wirklich, was er tun sollte. Wann immer ich Asylbewerber zum ersten Mal treffe, wissen sie nicht, wer ich bin und was ich von ihnen will. Daher sind sie nie sicher, wie sie auf mich reagieren sollen. Majid wollte gerade ein paar Kraftübungen an einem Stuhl machen, als ich ankam. Weil er mich anstarrte, als wäre ich ein Alien von einem fremden Planeten, lächelte ich, sah ihm direkt in die Augen und stellte mich vor, wie ich es immer tue. Ich erklärte, wer ich war und was wir taten, und hieß ihn in unserem Ort willkommen. Als ich die Deutschkurse erwähnte, hellte sich sein Gesicht auf und er entspannte sich. Majid kam aus Sierra Leone, wie auch drei oder vier andere Bewohner der Turnhalle. Weil ich keine offizielle Liste über die neuen Bewohner erhalten hatte, schrieb ich meine eigene. Ich brauchte ihre Namen, um die Deutschkurse organisieren zu können. Majids Name war der erste auf meiner Liste. Er rief dann Ibrahima, seinen Freund, damit ich auch seinen Namen auf die Liste setzen konnte.

Diese Gruppe junger Männer hinterließ einen bleibenden Eindruck bei mir. Bei meinem ersten Besuch, als ich von Bett zu Bett ging und mit der Hilfe eines jungen Eritreers versuchte, so viele Namen wie möglich aufzuschreiben, entdeckte ich nur junge Männer, nicht älter als 21. Junge Männer aus verschiedenen afrikanische Ländern und drei aus Syrien. Bisher war ich es gewohnt gewesen, mich hauptsächlich um Araber zu kümmern. Es war ein aufregender Moment für mich, weil ich nun einen viel größeren Schmelztiegel vor mir hatte. Ich traf auch zum ersten Mal Amadou Sané, einen jungen Mann aus dem Senegal. Er war wohl nicht älter als achtzehn. Als ich ihn fragte, ob er Französisch spreche, stand er auf und begann sofort Französisch mit mir zu reden. Natürlich verband uns die Sprache automatisch miteinander. Wir unterhielten uns eine Weile. Während der Konversation wirkte er so jung und naiv. Sofort musste ich an einen meinen jüngeren Bruder denken, Amadou war wie mein Bruder, nur in Schwarz. Nach außen hin ein großer, starker Kerl, nach innen jedoch ein kleines, zerbrechliches Kind, ein kleiner Junge, der versuchte, sich nach außen mit einem Panzer aus Muskeln zu schützen. Er war außerdem so jung, dass er mein Sohn hätte sein können. All diese Männer waren zu jung, um von ihren Familien getrennt zu sein.

Da wurde ich innerlich traurig. Mir war nach Weinen zumute. Ich verließ die Turnhalle und setzte mich in mein Auto. Ich musste einen Moment innehalten. Sie waren im Grunde noch Kinder, Jugendliche, aber älter als achtzehn, also zählten sie als Erwachsene. Sie waren in einem Alter, in dem man noch eine Mutter braucht, eine Familie. Und sie waren alle allein in einem fremden Land, einem Land, in dem sie versuchen mussten, eine neue Sprache zu lernen, klarzukommen. Allein, auf einen Brief wartend, der sie vielleicht zurück nach Hause schicken würde.

Es war zu viel für mich. In diesem Augenblick in meinem Auto musste ich einfach nur weinen. Ich weinte eine Zeitlang. Es half.

Die Menschen aus Poing öffnen sich

Durch die Ankunft dieser Gruppe von 37 Migranten veränderte sich die Organisation und Arbeit unserer Helfer. Direkt nach meinem Treffen mit den Neuankömmlingen rief ich eine Besprechung mit all meinen Lehrern ein. Es war sehr kurzfristig, aber wir mussten uns dringend treffen. Ich brauchte größere Kurse, richtige Deutschklassen, und ich wusste, dass das ein Problem werden würde, weil meine Lehrer eigentlich alle keine Lehrer waren, sondern eher Sprachpaten. Unsere Kurse basierten bislang hauptsächlich auf Einzelunterricht und alle fanden das gut so. Jetzt musste ich das ändern und viele Lehrer würden ihre Bequemlichkeiten aufgeben müssen. Es war für uns alle ein Lernprozess. An diesem Abend dauerte das Treffen viel länger als gewöhnlich und wir diskutierten lange. Letztendlich schaffte ich es, ein paar „echte" Lehrer anzuwerben, die bereit waren, eine größere Klasse zu übernehmen. Alle anderen würden drei bis fünf Schüler unterrichten, abgesehen von der lieben Gertrud, die nur mit einem Schüler arbeiten wollte. All das erforderte eine Menge an Organisation. Ich musste Gruppen bilden, die zu den Lehrern passten, Termine organisieren und mehr Unterrichtsräume in der Gemeinde finden. Ich hatte mir zum Ziel gesetzt weiterhin zwei Kurse pro Woche für jeden Asylbewerber anzubieten. Es verlangte mir einiges an Energie ab, aber letztendlich stand mein Plan. Zu sagen, dass alles reibungslos verlief, wäre vielleicht ein bisschen übertrieben.

Wir begannen auch Kooperationen mit den örtlichen Sportvereinen zu entwickeln, damit die Asylbewerber die Sporteinrichtungen leichter nutzen konnten. Die SG Poing zum Beispiel traf sich mit Hilda und mir, um einen Weg zu finden, die neuen Migranten in ihrem Verein unbürokratisch und schnell begrüßen zu können. Der Vorstand zeigte sich sehr offen. Zusammen verglichen wir Angebot und Nachfrage und versuchten, alle unterzubringen.

Das nächste Problem waren Sportbekleidung und Schuhe. Viele Asylbewerber gingen mit Winterstiefeln oder sogar barfuß ins Fitnessstudio. Um das zu vermeiden, rief die Laufgruppe der SG Poing alle Mitglieder zu einer Sammelaktion für Laufschuhe auf. Innerhalb einer Woche hatte ich zwei riesige Kartons voller Schuhe, Sporthosen und Leggings.

Unser Hauptproblem mit dem Sport war, dass die unterschiedlichen Teams schon aufgestellt waren und jeweils nur ein paar Spieler aufnehmen konnten, nicht aber ganze Gruppen. Das Volleyballteam spielte schon auf einem hohen Niveau und wollte nur Leute, die gut waren. Dasselbe beim Basketball. Anja, eine der Deutschlehrerinnen, hatte eine Tochter, die mit einem Syrer verheiratet war. Der Bruder dieses Syrers hatte seine beiden anderen Brüder und die Mutter nach Deutschland geholt. Einer von ihnen, Sami, hatte in Syrien als Basketballtrainer gearbeitet. Jetzt lernte er intensiv Deutsch.

Wie alle in der Familie wurde er anerkannt. Wir sahen ihn als die mögliche Lösung für unser Sportproblem. Die SG Poing war einverstanden, ihm eine Position als Trainer zu geben, um einmal wöchentlich die Asylbewerber zu trainieren und außerdem beim Kinder-Basketballteam zu helfen. Natürlich wollte er am liebsten ein Basketballteam trainieren, aber wir baten ihn, ein bisschen flexibler zu sein und auch andere Sportarten auszuprobieren.

Wir hatten eine Gruppe von Männern mit ganz unterschiedlichen Erwartungen. Ich sah diese eineinhalb Stunden wöchentlichen Trainings als eine Win-win-Situation: Sami bekam dadurch wenigstens ein geringes Einkommen und es war für ihn ein erster Schritt auf dem deutschen Arbeitsmarkt. Gleichzeitig bot es den Asylbewerbern die Gelegenheit einmal pro Woche Sport zu treiben. Allerdings fand die Sportstunde abends statt. Für mich war es schwierig, vorbeizukommen, weil es die Zeit war, die ich eigentlich mit meinen Kindern verbrachte. Wir machten Werbung bei den Asylbewerbern, aber es funktionierte nicht besonders gut. Sie kamen einmal und in der nächsten Woche dann wieder nicht mehr. Wir fragten, ob es ihnen gefiel, und sie sagten, es sei in Ordnung. Trotzdem kamen sie nicht regelmäßig. Es war frustrierend. Wir hatten so viel Energie in das Projekt gesteckt und jetzt lief es nicht gerade so, wie wir es uns vorgestellt hatten.

Nicht nur die SG Poing beteiligte sich an den Aktivitäten mit den Asylbewerbern, sondern auch der TSV Poing. Die jungen Syrer aus der Berliner Straße hatten begonnen Fußball zu spielen. Als ich den jungen Mehdi, einen schüchternen aber sehr höflichen Kurden, einlud mitzumachen, hellte sich seine Miene sofort auf und er sagte in seinem sehr schlechten Englisch zu mir: „Du bist sehr nett! Danke." Es war ein echter Lichtblick für ihn, in Poing Fußball spielen zu dürfen. Ab und zu fragte ich seinen Trainer, wie es ihm erging, und er erzählte mir jedes Mal, dass alle Mehdi mochten. Er war sehr gut. Er gehörte jetzt zum Team. Es freute mich, das zu hören. Ich sah Mehdi jeden Dienstag und Donnerstag, wenn er zum Deutschkurs kam. Er war immer pünktlich. Zu wissen, dass er sich beim Fußball so richtig frei fühlen konnte, war gut.

Eines Tages im Mai erhielt ich eine sehr höffliche Whats-App-Nachricht von Mehdi, in der er sich entschuldigte und mir mitteilte, dass er nicht mehr zum Deutschkurs kommen konnte. Er sei zu seinem Onkel gegangen. Ich verstand die Dimension der Nachricht nicht ganz, doch als ich seine Mitbewohner fragte, erklärten sie mir, dass er einen Abschiebungsbescheid von der Regierung erhalten hatte und in das europäische Land zurückkehren musste, das er zuerst betreten hatte. In seinem Fall war das Ungarn. Mehdi wollte nicht nach Ungarn. So verließ er Poing, ohne sich persönlich zu verabschieden. Es war eine sehr spontane Entscheidung. Der Anwalt seines Onkels hatte Mehdi dazu geraten. Ich war schockiert, konnte es nicht glauben. Am Tag zuvor hatte ich ihn noch gesehen, jetzt war er weg und mir blieb nur sein Whats-App-Abschied. Ich kontaktierte seinen Fußballtrainer, um ihm die Neuigkeiten mitzuteilen. Sein Trainer war schockiert und traurig, wie wir alle. Er sagte, dass das ganze Team etwas unternehmen und ihm sogar finanziell helfen wollte. Sie wussten nur nicht, wie sie es anstellen sollten. Dieser Rückhalt aus der Mannschaft berührte mich. Leider musste ich dem Trainer aber erklären, dass Mehdi Poing bereits verlassen hatte und dass ich nicht wirklich wusste, wo er war. Sein Onkel kümmerte sich jetzt um ihn, er hatte auch einen Anwalt. Ich hoffte, dass alles gutgehen würde.

Drei Monate später, als ich bei Mehdi per WhatsApp nachfragte, wie es ihm ergangen war, erzählte er mir, dass er noch zwei weitere Monate bleiben musste, wo er nun war, dann würde Deutschland seinen Antrag auf Asyl bewilligen.[12] Ich wünschte ihm für seine Reise all den Erfolg, den er brauchen würde.

Nicht nur die Sportvereine fingen an, sich den Asylbewerbern zu öffnen, sondern auch die Kindergärten und Schulen. Sie waren jetzt bereit Flüchtlingen eine gemeinnützige Position anzubieten. Die Kita vom Familienzentrum fragte, ob ein Asylbewerber sie in der Küche unterstützen könnte, aber auch bei der Gartenarbeit und um mit den Kindern zu spielen. Später wurden es zwei. Auch die Förderschule begann mit uns und dem LRA zusammenzuarbeiten. Sie boten acht Positionen für Asylbewerber an, einmal pro Woche für vier Stunden. Wie gewöhnlich würde das LRA 1,05 Euro pro Stunde bezahlen und die Versicherung übernehmen. Ich sah diese Angebote als einen positiven Schritt in Richtung Integration. Auf die Schule folgten noch ein paar weitere Gemeinde-Einrichtungen, darunter der Wertstoffhof. Sogar manche lokale Geschäfte, wie einer der Getränkemärkte im Ort, waren bereit, es zu versuchen. Tag für Tag schmolz das Eis, langsam aber beständig, und wir alle konnten einen Hoffnungsschimmer am Horizont erkennen.

---

[12] Wenn das BAMF nicht herausfinden oder beweisen kann, in welchem Land ein Flüchtling vorher gewesen ist, führt es das Asylverfahren selbst durch. Dies gilt auch für den Fall, dass die Abschiebung in den anderen "Dublin-Staat" nicht innerhalb von sechs Monaten durchgeführt werden kann.

IV Episoden aus einer anderen Realität

Kamel

Als ich die Leute in der Berliner Straße zum ersten Mal besuchte, waren sie gar nicht da. Ich klopfte an der Tür und wartete, niemand kam. Vor mir waren zwei verschlossene Türen und ich fragte mich, ob mich die neuen Bewohner des Hauses überhaupt hören konnten. Ich ging zu einem Fenster, klopfte dort und rief nach ihnen. Nach ein paar Minuten entschloss ich mich wieder zu gehen. Da sah ich sie mit Tüten voller Lebensmittel auf das Haus zukommen. Und mir wurde klar, es war Mittwoch, sie waren zur Tafel gegangen, um Essen zu besorgen. Sie freuten sich mich zu sehen und boten mir auch gleich Kaffee an. Ich stellte mich vor und erklärte ihnen meine Arbeit. Es schien sie zu interessieren.

Kamel erzählte mir, dass seine Frau mit den drei kleinen Kindern in Aleppo geblieben war. Sobald er eine Aufenthaltsgenehmigung erhalten würde, wollte er sie nachholen. Aber so weit waren sie noch lange nicht. Sie waren nach Poing verlegt worden, nachdem sie eine Zeitlang in Grafing verbracht hatten. Abdelali war dort zur Schule gegangen und tat es auch weiterhin, obwohl er nun in Poing wohnte. Es war eine ganz schöne Strecke zur Schule und zurück, aber letztendlich gewöhnte er sich daran. Kamel sagte, dass er arbeiten möchte.

Jedes Mal, wenn wir uns sahen, sagte er das Gleiche. Er war gelangweilt und brauchte eine Beschäftigung. Nachdem ich ein paar Leuten gemailt und mit ihnen gesprochen hatte, fand ich tatsächlich Arbeit für Kamel, in der Küche eines Kindergartens, täglich für drei bis vier Stunden. Er war der erste, der einen Job in einem Kindergarten bekam. Es war ein 1-Euro-Job, den das LRA bezahlte und versicherte. Immerhin hatte Kamel täglich eine Beschäftigung, einen Grund aufzustehen und ein kleines zusätzliches Einkommen am Ende des Monats. Es fing alles sehr gut an. Er freute sich, in der Küche helfen zu dürfen, Gemüse zu schneiden und die Gerichte mit vorzubereiten.

Eines Tages erhielt ich eine Mail vom Kindergarten. Sie fragten mich, ob es Kamel gut ginge. Er war seit ein paar Tagen nicht mehr in der Arbeit erschienen und sie machten sich Sorgen. Ich war sehr überrascht und verstand nicht, was geschehen war. Warum hatte er nicht mir oder dem Kindergarten Bescheid gegeben, wenn er krank war? Ich fand das sehr seltsam. Dann fragte ich seine Deutschlehrerin, ob er zum Unterricht gekommen war, auch sie verneinte. Also versuchte ich ihn anzurufen und erreichte ihn schlussendlich über WhatsApp. Was ich herausfand, war traurig. Seine Frau und seine kleinen Kinder waren immer noch in Aleppo. Diese Woche war ihr Haus zerstört worden. Er versuchte von Deutschland aus zu helfen, einen Ort zu finden, an dem sie bleiben konnten. Sein Plan war, sie auf demselben Weg hierher zu bringen, auf dem er selbst gekommen war. Er sagte mir: „Tut mir leid, ich kann mich in der Arbeit nicht mehr konzentrieren, ich mache mir zu viele Sorgen um meine Familie. Ich muss ihnen jetzt helfen." Diese Nachricht brachte mich zurück in die Realität, nicht in meine Realität, sondern jene, die tagtäglich in Syrien stattfindet. Dort herrscht Krieg und mittendrin sind Zivilisten. Kamels Familie wartete nur auf eines: seine Aufenthaltserlaubnis. Wenn sein Antrag bewilligt wurde, konnte er seine Familie mithilfe der deutschen Regierung nachholen. Das wäre wesentlich weniger riskant als der Versuch über das Mittelmeer nach Europa zu gelangen.

Aber Kamels Antrag war bislang noch nicht bearbeitet worden. Es dauerte um einiges länger, als es sollte. Sechs Monate waren vergangen, dann ein Jahr. Und er hatte nach wie vor keine Antwort erhalten. Er und viele seiner Landsleute hatten schon gestreikt und versucht mit dem Bundesamt für Migration und Flüchtlinge zu diskutieren. Aber es hatte nichts gebracht. Die Angestellten beim BAMF wurden mit Anträgen überschüttet. Um den Bearbeitungsprozess zu verbessern, war die Zahl der Mitarbeiter um dreihundert auf zweitausend Angestellte aufgestockt worden, aber die Zahl der Anträge hatte sich im Vergleich zum Vorjahr verdoppelt. Dreihundert Angestellte waren nicht genug, um die Bearbeitungszeit der Anträge spürbar beeinflussen zu können. Die Migranten wollten nur schnell wissen, ob sie angenommen wurden oder eben nicht. Es war nicht entscheidend, ob die Antwort negativ oder positiv ausfiel, sie wollten nur schnelle Gewissheit.

Kamels Fingerabdrücke waren in Italien genommen worden, deshalb forderte die deutsche Regierung ihn auf, nach Italien zurückzukehren. Er hatte sich aber einen Anwalt genommen, der ihm helfen sollte, in Deutschland bleiben zu können. Wegen dieser speziellen Konstellation musste er noch länger auf die Bearbeitung seines Antrags warten. „Unsere" ersten syrischen Familien hatten wesentlich schneller ihren Bescheid bekommen. Kamels Familie war nun in Gefahr und er wünschte sich nichts sehnlicher, als sie alle endlich bei sich zu haben.

Ich wusste nicht, was ich in der Zwischenzeit mit seinem Job anstellen sollte. Ich fragte ihn, ob er weiter arbeiten oder die Arbeit eine Zeitlang aussetzen wollte. Wir einigten uns darauf, dass er pausieren würde, bis seine Familie in Sicherheit war. Der Kindergarten war einverstanden. Die ganze Situation hatte Kamel sehr mitgenommen. Ich besuchte ihn häufig, um zu sehen, wie es ihm ging. Immer, wenn er mich sah, brachte er ein Lächeln zustande und bot mir Tee an, aber er war nach wie vor deprimiert und müde. Er hatte sich länger nicht mehr rasiert und nachts offensichtlich nicht genug geschlafen.

Um seine Familie nach Europa zu bringen, brauchte er 12.000 Euro. Er erzählte uns, dass er 6.000 Euro bekommen hatte, indem er all sein Gold in Syrien verkauft hatte. Nun versuchte er, die anderen 6.000 Euro aufzutreiben, um die Reise in die Wege leiten zu können. Das stellte sich als sehr schwierig heraus. Er rief alle seine Freunde und Verwandten an und bat sie, ihm Geld zu leihen. All das dauerte. Ich fragte ihn, warum es so teuer war und er antwortete, dass er die Visa vom Libanon nach Ägypten bezahlen musste und die Flüge, die sehr teuer waren. Und die Schleuser, dachte ich mir, davon sagte er allerdings nichts.

Es dauerte noch Monate, bis seine Familie Europa erreichte. Es war furchtbar zu wissen, dass die Familie unterwegs war und gleichzeitig in den Nachrichten zu hören, dass wieder ein Boot voll mit Flüchtlingen gesunken war. Es war der blanke Horror. Irgendwann tauchten sie dann endlich in Deutschland auf. Zuerst in Poing, dann wurden sie in einem Erstaufnahmezentrum in München untergebracht. Leider wurden sie danach nach Fürth geschickt, fast drei Stunden von Poing und vor allem von Kamel entfernt. Seine Frau ertrug das alles nicht mehr, sie wurde krank und musste schlussendlich ins Krankenhaus. Auch der jüngste Sohn wurde krank, er verlor den Appetit und die Haare fielen ihm aus. Kamel, der nach wie vor in Poing bleiben musste, war völlig frustriert. Nur mit einer Reiseerlaubnis konnte er seine Familie besuchen, und das auch nur für ein paar Tage. Es war absurd. Selbst als seine Frau im Krankenhaus war, konnte er nicht sofort zu seinen Kindern, um sich um sie zu kümmern. Er musste darauf warten, dass seinem Antrag auf Familienzusammenführung zugestimmt wurde ...

Irgendwann hatte er dann endlich die Zustimmung, dann ging alles sehr schnell. Ich bekam noch eine WhatsApp mit einer Dankschön-Botschaft, das war's.

Amadou

Amadou Sané war mit der zweiten Welle von Migranten zu uns gekommen. Er war jung, sehr dynamisch und derjenige in der Turnhalle, zu dem ich den besten Kontakt hatte. Ich schätze, das kam daher, dass er mich an meinen Bruder erinnerte. Er bekam wohl etwas mehr Aufmerksamkeit von mir als einige andere. Nach außen wirkte er so stark, aber ich wusste, dass er innerlich noch ein Kind war und ich hatte das Bedürfnis, ihn unter meine Fittiche zu nehmen. Manche Dinge kann man nicht erklären. Amadous Geschichte berührte mich einfach. Er kam aus der Casamance, dem südlichen Teil Senegals, zwischen Gambia und Guinea, dessen Bevölkerung sich religiös und ethnisch vom restlichen Land unterscheidet. Sein Vater, ein Rebell, wollte, dass auch Amadou sich den Rebellen anschloss. Amadous Patenonkel half ihm jedoch der Sache zu entkommen, den Senegal zu verlassen. Seine beiden Brüder hatten diese Chance nicht erhalten, sie sind beide in diesem Bürgerkrieg getötet worden.

Wenn ich Amadou fragte, ob er mir von seiner Reise erzählen wolle, sagte er immer: „Klar, kein Problem". Aber ich spürte, dass er nicht gern darüber sprach. Er begann seine Geschichte immer mit dem Wort „Rebell" und der Abkürzung „MFDC". MFDC steht für „Mouvement des Forces Démocratiques de Casamance" (Bewegung der demokratischen Streitkräfte der Casamance), eine Bewegung, die von Abbé Diamacoune Senghor angeführt wird und sich seit 1982 gegen die senegalesische Regierung stellt. MFDC hatte die Unabhängigkeit der Casamance gefordert. Amadous Vater war Mitglied der MFDC und für ihn war es selbstverständlich, dass sich auch seine Söhne an den Kämpfen gegen die Regierung beteiligen sollten. Die blutigsten Jahre des Konflikts waren zwischen 1992 und 2001, sie forderten tausende Todesopfer und zwangen viele zur Flucht. Im Dezember 2004 fand ein Verhandlungs- und Einigungsversuch statt, scheiterte aber an einem Teil der MFDC, der diese Entwicklung ablehnte. Die Kämpfe gingen 2010 und 2011 weiter, endeten dann nach der Wahl des neuen Präsidenten Macky Sall im April 2012. Ende 2012 erklärte Präsident Sall die Casamance zu einem Testgebiet für eine moderne Dezentralisierungspolitik. 2014 rief die MFDC einen einseitigen Waffenstillstand aus, von Frieden konnte man aber noch lange nicht sprechen. Nach 32 konfliktreichen Jahren waren die Unterschiede zwischen den beiden Parteien immer noch riesig, aber sie sprachen miteinander und sie waren gewillt, Lösungen für den Konflikt zu finden. Ende 2014 verließen 52.800 Personen die Casamance und weitere 20.000 stellten einen Asylantrag in Gambia bzw. in Guinea-Bissau. Frieden sieht wohl anders aus.

Amadou erzählte mir, dass er mit kaum 15 Jahren für die Rebellen hätte kämpfen sollen, wenn sein Patenonkel sich nicht seiner angenommen hätte. Er organisierte alles für ihn: Er trieb das Geld auf, fand eine Kontaktperson und schickte ihn nach Europa. Im Alter von 15 Jahren und ganz auf sich allein gestellt, ließ Amadou seine Heimat und alles, was er kannte, hinter sich. Er lernte sehr schnell, ein Mann zu sein und auf sich selbst aufzupassen, ein wahrer Überlebenskünstler. An die Reise nach Europa erinnerte er sich offenbar nur verschwommen, er wusste nicht genau, wo überall er gewesen war. Er war nur ein Passagier wie viele andere, einer, der den anderen folgte. Er erinnerte sich daran, mit dem Auto durch Mauretanien und Marokko gefahren zu sein. In Marokko, erzählte er mir, nahmen sie eine Piroge (einen Einbaum), um nach Spanien zu gelangen (Karte 1 und Karte 2, Seite 190 und 191). Ich denke, dass es eher ein Dinghi (ein kleines Beiboot) gewesen ist, wie auch immer. Von Spanien aus war es dann eine lange, sehr lange Reise quer durch Europa. Er brauchte fast zwei Jahre, bis er es nach Deutschland geschafft hatte. Mit 17 kam er hier an. Sein Vater war wohl sehr wütend, als er herausfand, dass Amadou das Land verlassen hatte. Er würde ihn nicht mit offenen Armen begrüßen, sollte er nach Hause zurückkehren müssen. Rückkehr war für ihn demnach keine Option.

Amadou war so naiv zu glauben, dass die Ankunft in Deutschland das Ende seiner Reise bedeuten würde. Sein Abenteuer war aber noch lange nicht vorbei.

Er war nun einer von 60 Asylbewerbern, die wir in zu diesem Zeitpunkt in Poing beherbergten. Er teilte sich die Turnhalle mit 36 anderen jungen Männern aus vielen verschiedenen Ländern. Amadou war jung, voller Leben, voller Energie und bereit für den Start in ein neues Leben. Wie er hatten die meisten dieser jungen Männer ihre Heimat zwei oder drei Jahre zuvor verlassen und waren von Land zu Land gereist, ohne einen festen Plan. Sie wussten nicht, wonach sie suchen sollten und sie wussten nicht, wo sie es finden würden. Sie waren ein bisschen wie Federn im Wind. Sie hofften einfach, dass sich eines Tages alles beruhigen würde, dass sie sich niederlassen und ein neues Leben beginnen konnten, mit einem

Job und eines Tages vielleicht mit einer eigenen Familie. Das war alles, was sie sich wünschten. An einem Ort Fuß zu fassen. Das war ihr Traum.

Aber der würde auch jetzt vorerst nicht erfüllt werden. Wieder einmal kam ihr Leben zum Stillstand. In Deutschland dauert es sehr lange, bis die Asylanträge bearbeitet werden, zwei bis drei Jahre, je nach Herkunftsland. In dieser Zeit heißt es wieder einmal: Bitte warten! Und nur für einige wenige fällt das Urteil danach positiv aus.

Amadou gab sich große Mühe Deutsch zu lernen und er freute sich sehr, als er erfuhr, dass er zweimal wöchentlich zum Deutschkurs gehen konnte. Das gab ihm Hoffnung, Hoffnung, sich in Deutschland integrieren zu können. Ich freute mich immer wahnsinnig, wenn ich unsere Asylbewerber in den Kurs kommen sah, mit einem Lächeln im Gesicht. Vor allem Foulah, ein enger Freund von Amadou, lächelte immer. Egal, was los war. Das wirkte sich auch auf die anderen positiv aus. Es half ihnen dabei, besser mit ihrer komplizierten Situation klarzukommen. Ich fand es sehr schön, dass so viele Männer an unseren Kursen teilnahmen. Es gab ja auch Gruppen, die nur schliefen und sich nie in den Deutschstunden blicken ließen.

Inzwischen hatten wir Kurse an drei Orten am Laufen, im Familienzentrum, in der evangelischen Kirche und an einer der örtlichen Grundschulen, fünf Mal wöchentlich.

Amadou fand in seiner Lehrerin schnell eine Freundin. Ich erklärte ihm, dass die Lehrer sehr wichtig seien, sie waren diejenigen, die ihm helfen konnten, wenn er Hilfe brauchte. Er musste nur fragen und das tat er auch. Seine Lehrerin war Hilda. Schon bald wurden die beiden enge Freunde, trafen sich auch nach dem Unterricht auf einen Kaffee. Hilda blühte regelrecht auf, sie wurde ein anderer Mensch. Sie war viel fröhlicher und hatte viel mehr Energie. Sie war immer die erste, die einem neuen Projekt zustimmte. Es schien, dass die Freundschaft mit Amadou ihr jugendliche Energien zurückgegeben hatte, sie wirkte ganze zehn Jahre jünger. Immer wieder bestätigte sie mir: „Carolina, es tut mir gut, weißt du, so gut!" Ich freute mich für sie und auch für Amadou, weil er eine Freundin gefunden hatte, der er sich anvertrauen konnte, jemanden, der ihm helfen konnte, wie eine Mama. Später erst erfuhr ich, dass er sie wirklich Mama nannte.

Natürlich hatte Amadou auch Freunde in der Turnhalle und eigentlich überall, wo er hinkam. Er war sehr sozial und jeder kannte ihn. Er war auch mit dem Großteil des Sicherheitspersonals befreundet und lernte auch von ihnen Deutsch. In der Turnhalle verstand er sich besonders gut mit Foulah. Obwohl Foulah aus Sierra Leone kam, konnten sich die beiden auf Wolof unterhalten. Wolof wird im Senegal, in Mauretanien und Gambia gesprochen. Ich fragte mich, warum Foulah diese Sprache überhaupt beherrschte, vermutlich hatte er sie auf seiner Reise nach Europa gelernt, der Weg führte ihn ja über den Senegal, Gambia und Mauretanien. Weil ich sah, wie gut die beiden befreundet waren und wie intensiv sie sich unterhielten dachte ich immer, Foulah wäre Senegalese. Also sprach ich ihn am Anfang auf Französisch an, bis er eines Tages zu mir sagte: „Könntest du bitte Englisch mit mir reden, ich verstehe nämlich kein Französisch!" Wir lachten beide sehr darüber. Auch er wollte dringend Deutsch lernen, auch wenn es ihm schwerfiel, sich alles zu merken und sich zu konzentrieren. Er war der einzige, der den DVD-Player benutzte, um sich die CD aus seinem Deutschbuch anzuhören, in voller Lautstärke. Ich werde Foulah nie vergessen. Und Amadou auch nicht. Sie waren wie Brüder, sie waren im gleichen Alter und außerdem zur selben Zeit am selben Orte gelandet. Das sollte sich aber schon bald ändern.

Amadou zeigte mir tagtäglich, dass er zuverlässig und willig zu arbeiten war. So kam es, dass ich ihm Kamels Stelle im Kindergarten anbot. Er freute sich sehr. Er hatte schon lange nach einer Stelle gesucht und nichts gefunden, sodass er nun einfach nur glücklich war, auch für 1,05 Euro die Stunde.

Es ist interessant, wie unterschiedlich die Asylbewerber auf einen 1-Euro-Job reagierten. Manche freuten sich sehr und sahen es als Chance, während andere sich durchaus beschwerten. Amadou war sehr optimistisch. Er wusste, dass es für ihn eine gute Gelegenheit war, sich in die Gemeinde einzugliedern. Es war ein erster Schritt.

Alles ging ganz schnell. Schon am nächsten Tag hatten wir einen Termin bei der Küchenchefin im Kindergarten. Ich holte Amadou kurz vor neun ab. Im Auto sagte er mir auf Französisch, dass es ein Problem gab. „Was für ein Problem?", fragte ich. „Naja, ich habe einen Brief bekommen, sieh selbst." Ich hielt an und las den Brief. Ich ließ das Auto wieder an und wir fuhren zum Kindergarten. Ich parkte ein und las den Brief noch einmal. Amadou sollte mit vier weiteren jungen Männern verlegt werden. Ich wusste nicht, was ich tun sollte. Ich war sprachlos und fühlte mich allein gelassen. Dann sagte ich: „Okay, lass uns zu diesem Termin gehen und danach ruf ich beim LRA an. Sag noch nichts davon." Wir klingelten und eine nette Frau öffnete uns die Haustür. Ich erklärte ihr, dass wir um neun Uhr einen Termin bei Frau Zahl hätten. Sie sah nach, wo sie denn sei und fand sie in ihrem Büro. Als sie uns das mitteilte, konnte ich einen britischen Akzent aus ihrem Deutsch heraushören. „Sie sind Britin, oder?", fragte ich auf Englisch. „Ja, bin ich, und Sie sind Französin, oder?" Dann mussten wir alle drei lachen. Manchmal muss man gar nicht weit gehen, um sich in einer internationalen Umgebung wiederzufinden.

Frau Zahl erklärte uns, dass Amadou ab Montag in einem anderen Kindergarten arbeiten würde. Zwei Stunden täglich, von Montag bis Freitag. Ein guter Anfang. Das Treffen dauerte nicht länger als 15 Minuten. Wir mussten dann zum anderen Kindergarten, um uns Amadous zukünftigen Arbeitsplatz anzuschauen.

Sobald ich das Gebäude verlassen hatte, rief ich beim LRA an, um die Situation zu klären. Amadou hatte gerade einen Job in einem Kindergarten erhalten. Und er sollte am Montag anfangen. Leider hatte er einen Transferbrief erhalten. Ich fragte, ob er aufgrund seines neuen Jobs in Poing bleiben konnte. Die Antwort war eindeutig: Nein. Er hätte bleiben können, wenn das LRA die Stellenbeschreibung erhalten hätte, bevor der Transfer organisiert worden war. Jetzt war es zu spät. Außerdem bot ihm die Verlegung bessere Lebensbedingungen, eine Wohnung, die er sich nur mit einem oder zwei jungen Männern aus seiner Heimat teilen würde, mit einer Küche und einem Bad. Das war wohl viel besser, als in einer Turnhalle mit 37 anderen Männern aller möglichen Nationalitäten zu leben. Wir führten eine lange Diskussion. Amadou wollte trotz allem in Poing bleiben. Er wusste, dass wir ihm in Poing helfen würden. Er wollte in der Turnhalle bleiben, obwohl die Lebensbedingungen dort nicht für einen Langzeitaufenthalt geeignet waren. Es sei seine Entscheidung, dachte ich. Nein, war es nicht. „Wir können nicht auf alle Wünsche von jedem einzelnen eingehen", sagte mir die Beamtin vom LRA. „Wir müssen so viele Fälle bearbeiten." Aber ich sprach einfach immer weiter und weiter. Dann sagte sie: „Vielleicht sollten Sie mit meinem Chef sprechen. Er ist gerade nicht hier, aber in einer Stunde ist er erreichbar. Machen Sie sich aber nicht zu große Hoffnungen."

Ich brachte Amadou zurück in die Turnhalle. Die Security war da und sie konnten sehen, dass ich nicht gerade glücklich war. Weil sie mich inzwischen kannten, boten sie mir eine Tasse Kaffee an und ich erklärte ihnen Amadous Situation. Sie wussten schon Bescheid und hatten noch vor mir beim LRA angerufen. Sie waren tatsächlich auch ein bisschen wütend. So beschloss ich, mit Amadou trotzdem zum zweiten Termin zu fahren. Unterwegs sprach ich mit dem Chef vom LRA. Nach weniger als einer Minute hatte ich all meine Hoffnung verloren. Er redete darüber, warum es keine Möglichkeit gab, ihn in der Turnhalle zu lassen. Die Regierung war verpflichtet, die Migranten schnellstmöglich aus der Turnhalle zu verlegen. Sie konnten dort nicht länger bleiben, es war nur eine Übergangslösung. So war es und daran ließ sich nichts ändern. Selbst wenn er den Job bekommen hätte, bevor der Transfer organisiert worden war, hätte das nichts an der Situation geändert.

Ich gab auf. Wie konnte ich dafür kämpfen, dass Amadou in der Turnhalle bleiben durfte, wenn die Lebensbedingungen nicht gerade toll waren? Ich kämpfte gegen das LRA, das eine viel bessere Unterkunft für ihn gefunden hatte. Wo er hin sollte, gab es bestimmt auch einen Helferkreis, der einen ähnlichen Job wie wir in Poing machte.

Amadou verstand nicht, warum er nicht bleiben durfte. Er hatte in Poing Leute kennengelernt, die er mochte und die seine Freunde geworden waren. Ein paar Mal pro Woche ging er ins Fitnessstudio. In Poing hatte er eine Art Gleichgewicht gefunden, ein inneres Gleichgewicht, zum ersten Mal seit sehr langer Zeit. Er wollte nicht fort. Auch mich machte die Lage traurig. Als ich es Hilda, seiner Lehrerin, erzählte, war sie wütend und aufgebracht. Aber es nütze nichts, wir alle mussten die Realität akzeptieren.

Für Amadou was es furchtbar zu sehen, dass seine Freunde an andere Orte verlegt wurden. Seine Freunde aus Sierra Leone. Die Strategie des LRA war es, dieselben Nationalitäten zusammenzubringen. Weil Amadou der einzige Senegalese in der Gruppe war, schickte man ihn in eine Unterkunft zu anderen Senegalesen, die er nicht kannte und mit denen er sich schlussendlich auch nie richtig anfreunden konnte.

Hilda verbrachte seinen ganzen letzten Tag in Poing mit ihm. Sie erzählte mir später, dass er geweint hatte. Er war ein junger Mann, der eigentlich seine Mutter brauchte – die natürlich nicht hier war. In Poing hatte er Hilda gefunden, sie war für ihn eine Art Mutter geworden. Jene Liebe, die er während seiner ganzen Reise vermisst hatte, hatte er in Poing gefunden. Und nun sollte sie ihm wieder genommen werden. Ein Schock. Ein schrecklicher Schock. Kein kultureller, sondern ein emotionaler.

Amadou wurde schlussendlich nur nach Zorneding verlegt, acht Kilometer von Poing entfernt, nicht gerade das Ende der Welt. Trotzdem sah ich ihn nie wieder. Obwohl er regelmäßig nach Poing zurückkam und sich häufig mit Hilda traf. Die beiden blieben eng verbunden.

Ibrahima

Viele Flüchtlinge machten sich Sorgen um eine sichere Zukunft. Bei einigen führte das zu Schlaflosigkeit und Depression. Sie brauchten Medikamente, um einigermaßen zur Ruhe zu kommen. Ibrahima war einer von ihnen. Er hatte sich mit Majid angefreundet, wahrscheinlich, weil sie beide aus Sierra Leone kamen. Obwohl sie ihre Reise nach Deutschland nicht zusammen durchgemacht hatten, waren sie während der zahlreichen Verlegungen, die sie gemeinsam erlebt hatten, Freunde geworden.

Während meines Besuchs in der Turnhalle kam Ibrahima eines Tages zu mir.

„Du wolltest mit mir sprechen?", fragte er.

„Ja, ich habe gehört, dass du im Krankenhaus warst. Ich wollte nur wissen, wie es dir geht."

„Ich hatte Magenprobleme. Aber jetzt geht's mir besser."

Üblicherweise, wenn Flüchtlinge vom Krankenhaus sprechen, muss nicht unbedingt ein Krankenhaus gemeint sein, es kann sich auch um eine Arztpraxis handeln. In seinem Fall war ich mir nicht ganz sicher. Aber es spielte keine Rolle. Es ging ihm besser, also war alles in Ordnung.

Trotzdem wirkte Ibrahima beunruhigt. Dann begann er Französisch mit mir zu reden. Die Amtssprache von Sierra Leone ist Englisch, da er aber längere Zeit in frankophonen Ländern Afrikas verbracht hatte, war sein Französisch sehr gut.

„Weißt du, ich kann nachts nicht schlafen. Ich mache mir Sorgen. Ich frage mich, was ich mit meinem Leben anstellen soll. Ich bin 25. Ich kann nicht in meine Heimat zurückkehren, weil mein Onkel mich tot sehen will. Aber ich kann nicht für immer in dieser Turnhalle leben. Was ist die Lösung? Ich bin nicht aus finanziellen Gründen hierhergekommen. Ich bin nur gekommen, um mein Leben zu retten. Was soll ich jetzt machen?"

Manche von den Jungs, die näher gekommen waren, weil auch sie einen Rat von mir wollten, merkten, obwohl sie kein Französisch verstanden, dass diese Unterhaltung etwas Ernstes war und länger dauern würde. Also gingen sie nach und nach wieder weg, um Ibrahima ein wenig Privatsphäre zu gewähren. Ich schätzte diese Geste sehr. Ibrahima musste sich dringend aussprechen. Er war in einer depressiven Verfassung und brauchte einen Zuhörer. Also ließ ich ihn einfach reden. In seinen Augen konnte ich sehen, dass er sich Sorgen machte. Er schien in einem weiten Ozean verloren zu sein. Ich verstand, dass er sich auf diesem Kontinent, den er nicht kannte, allein fühlte, so ganz ohne richtige Bezugsperson und ohne die Spielregeln hier zu verstehen. Ich glaube, er wollte am liebsten aufgeben. Dann sagte er: „Ich werden von hier weggehen. Meine Freunde sagen, ich soll es nicht tun. Aber was soll ich dann tun? Ich kann ja wohl nicht für den Rest meines Lebens hierbleiben. Wie lange wird es dauern, meine Akte zu bearbeiten? Werde ich in diesem Land bleiben dürfen? Werden sie mir eine Aufenthaltserlaubnis geben?" Er wusste nicht, was ich wusste: Nur 0,2 Prozent der Leute aus Sierra Leone werden in Deutschland anerkannt. Aber in diesem Moment konnte ich ihm das nicht sagen. Er war schon so entmutigt, dass ich es nicht noch schlimmer machen wollte. Also nickte ich nur, und er erzählte mir seine Geschichte, was in Afrika wirklich passiert war, warum er fliehen musste. Zuerst sprudelte alles ein bisschen durcheinander aus ihm heraus. Ich musste ihm viele Fragen stellen, weil ich die handelnden Personen nicht zuordnen konnte. Nach einer Weile beruhigte er sich und die Geschichte wurde übersichtlicher.

Nach dem Tod seines Vaters musste Ibrahima die Familiengeschäfte weiterführen, einen geheimen und illegalen Diamantenhandel. Ein Unternehmen, das er mit seinem Onkel teilte. Er war jung, als sein Vater starb. Sein Onkel aber war habgierig und wollte das Geschäft für sich allein. Eines Tages erzählte ein guter Freund seines Vaters, der ebenfalls an den Geschäften der Familie beteiligt war, Ibrahima von den Absichten seines Onkels: „Du bist noch ein Kind, Ibrahima, deshalb versuche ich dir jetzt zu helfen. Ich muss dich warnen. Dein Onkel will dich töten. Nimm dich vor ihm in Acht, er ist mächtig. Vielleicht solltest du für eine Weile verschwinden.

Ich will nicht, dass dir etwas zustößt." „Ich wusste nicht mehr, was ich tun sollte. Ich hatte das Gefühl, ich konnte niemandem mehr vertrauen. Dieser Mann war ein sehr guter Freund meines Vaters und ich hatte allen Grund dazu, ihm zu glauben. Dieser Mann wollte mir helfen", sagte Ibrahima.

„Also musste ich mein Schicksal selbst in die Hand nehmen. Ich ging zu meinem Onkel nach Hause. Er war nicht da, als ich ankam. Ich wusste, wo er seine Diamanten aufbewahrte, also nahm ich einen großen mit und verschwand. Ein Freund meines Vaters beschaffte mir den Kontakt zu einem Weißen. Ich kannte ihn nicht. Ich wusste nur, dass ich ihm vertrauen musste. Er war der Einzige, der mir jetzt helfen konnte das Land zu verlassen. Ich konnte nicht bleiben, ich wusste, dass mein Onkel mich umbringen würde, wenn er mich finden würde. Ich war jetzt in Gefahr. In großer Gefahr. Der weiße Mann half mir, aus dem Land zu fliehen. Zusammen reisten wir von Sierra Leone nach Ghana, dann nach Europa. Die Vorbereitungen, um die Flugtickets und Visa zu bekommen, dauerten lange. Ich kam nicht auf einem Boot hierher, ich kam auf legalem Weg nach Deutschland, mit dem Flugzeug und einem Visum. Der Weiße hatte mir seine Pläne nicht eindeutig geschildert. Ich war mir sicher, dass er einen Plan für mich hatte, aber er sagte nichts darüber. Er half mir, weil er mit dem Diamanten, den ich ihm gegeben hatte, einiges verdienen würde. Wir landeten in Deutschland. Ich glaube, es war Frankfurt. Danach erinnere ich mich einen Zug genommen zu haben. Es war eine lange Fahrt. Wir kamen an irgendeinem Ort an, aber ich kann dir nicht sagen, wie er hieß, weil ich mit den Namen noch nicht vertraut war. Ich erwähnte, dass ich Hunger hatte, also gingen wir in ein Restaurant am Bahnhof. Wir aßen schweigend. Ich freute mich über das Essen. Ich genoss es sehr. Nach dem Essen sagte der weiße Mann: ‚Warte hier, ich ruf ein Taxi.' Also blieb ich dort und wartete. Eine Stunde verging. Zwei Stunden vergingen. Ich fing an, mir Sorgen zu machen. Wo war der Kerl? Ich wartete und wartete, bis ich nicht mehr länger in dem Restaurant bleiben konnte, weil es zumachte. Der Mann war verschwunden und kam nicht mehr zurück. So fand ich mich in diesem Land wieder, mit einem kleinen Koffer, ohne Geld und ohne Pass, den hatte er auch mitgenommen. Nun hatte ich nicht nur meine Heimat, sondern auch meine Identität verloren.

Natürlich hat er mir geholfen, nach Europa zu kommen. Das war aber auch schon alles. Zumindest wusste ich, dass ich in Deutschland war, ich konnte aber kein Wort Deutsch sprechen. Wieder einmal befand ich mich in einer Situation, in der ich nicht wusste, was ich tun sollte. Also wartete ich an der Straße, es war stockdunkel. Ich wartete, bis ich einen schwarzen Mann die Straße hinuntergehen sah. Ich ging auf ihn zu und bat ihn um Hilfe. Ich wusste nicht weiter. Ich wusste wirklich nicht, was ich tun sollte. Der Mann sagte zu mir, dass ich nicht bei ihm bleiben konnte, aber er würde mich entweder zur Polizei bringen oder an einen Ort, wo Asylbewerbern geholfen wurde. Ich wollte nicht zur Polizei, fühlte mich aber auch nicht als Asylbewerber. Ich hatte gedacht, dass der weiße Mann einen Plan für mich hätte. Ich hatte nicht viele Fragen gestellt, weil ich ihm vertraut hatte. Ich hatte ihm doch den riesigen Diamanten gegeben.

In diesem Augenblick wurde mir klar, dass ich allein in Europa war und dass ein Asylantrag meine einzige Chance war. Der schwarze Mann brachte mich in eine Unterkunft für Asylbewerber und so begann meine Reise durch Deutschland. "Ibrahima atmete ein paar Sekunden lang tief ein, dann fuhr er fort: „Ich erzählte dem LRA diese Geschichte, als ich nach Ebersberg kam, aber es schien sie nicht groß zu interessieren. Sie sagten, wenn ich mit den Bedingungen hier nicht zufrieden sei, sollte ich doch wieder nach Hause gehen. Wie könnte ich zurück nach Hause gehen?"

Ich sah ihm tief in die Augen. Ich erkannte Angst, Trauer und Verzweiflung. Es ging ihm psychisch nicht gut. Ich sagte: „Weißt du, ich habe nicht die Macht, Entscheidungen zu treffen, ich kann dir nicht sagen, ob dein Antrag in diesem Land bewilligt wird oder nicht. Das steht nicht in meiner Macht. Ich bin nur dafür zuständig Deutschkurse in Poing zu organisieren. Was ich dir anbieten kann, ist zuzuhören und mit dir zu reden. Mehr nicht."

Dann musste ich meine Kinder abholen.

Wann immer ich solche Geschichten hörte, wusste ich nicht, was ich sagen sollte. Ich fühlte mich machtlos. Was konnte ich schon tun? In meiner Position konnte ich nur die Rolle des Zuhörers einnehmen und den Erzählenden so ein wenig Hoffnung geben. Ich selbst sah auch keinen Ausweg. Was für Ratschläge konnte ich ihnen schon geben?

Bhata

Im März und April 2015 besuchte ich Amadou und alle anderen regelmäßig in der Turnhalle. Sie waren ein netter Haufen und wir konnten jeden Tag ein bisschen voneinander lernen. Manchmal lud Amadou mich zum Mittagessen ein, ein anderes Mal teilte jemand aus Eritrea oder Syrien seinen Teller mit mir. Auch die Security war sehr nett und bot mir jedes Mal Kaffee an, wenn ich zu Besuch kam. In der Turnhalle fühlte ich mich wirklich willkommen und sogar ein wenig zu Hause. Diese beiden Monate sollten zur besten Zeit gehören, die ich je in dieser Halle erleben würde.

Zu diesem Zeitpunkt investierte ich unglaublich viel Energie in das Asyl-Projekt. Ich versuchte Kontakte zu den ortsansässigen Unternehmen herzustellen, vom Gartencenter bis zum Seniorenheim, um Jobs für unsere Asylbewerber zu finden. Es war eine große Herausforderung und ich war nicht sofort erfolgreich. Ich fand es wichtig, die Aufmerksamkeit der Gemeinde für die Situation der Asylbewerber zu wecken, und hoffte auf diese Weise der Gemeinschaft in Poing ein wenig die Augen öffnen zu können. Deutschland empfing inzwischen abertausende Flüchtlinge und das würde sich so bald auch nicht ändern. Die Bevölkerung musste sich dessen bewusst werden und lernen, damit umzugehen. Aber auch das brauchte seine Zeit.

Nach zweieinhalb Monaten fand der erste Transfer statt. Zwölf Männer mussten die Turnhalle verlassen. Ich erhielt diese Information nur ein paar Tage im Voraus, wusste aber nicht, wer gehen würde. Dann erfuhr ich, dass Bhata, einer der Eritreer, umziehen musste. Es machte mich traurig. Die Security hatte es mir gerade erzählt, als Bhata an mir vorbeiging. Ich sah ihn an und er ahnte, wusste bereits, dass ich ihm etwas verheimlichte. Er muss an meinem Blick erkannt haben, dass etwas geschehen war. Er sagte nur: „Ich geh nach draußen eine rauchen." Ich konnte ihn nicht einfach so stehenlassen. Ich sagte zur Security, dass ich ihm erzählen musste, was entschieden worden war. Er würde es am Nachmittag sowieso von offizieller Seite erfahren und bis dahin waren es nur ein paar Stunden. Also ging ich hinaus, um mit ihm zu reden. Ich sagte nur: „Tja, Bhata, ich muss dir etwas sagen. Du bist einer von denen, die diese Woche gehen. Du solltest dich freuen. Du wirst ein Zimmer in einem Haus bekommen, in einem Dorf nicht weit von Ebersberg. Dann musst du dir immerhin nicht mehr eine Turnhalle, zwei Toiletten und zwei Badezimmer mit 37 anderen Männern teilen." Ich sagte es mit einem Lächeln. Innerlich war ich unglücklich. Es war paradox: Angesichts der schlechten Lebensbedingungen war es gut für Bhata die Turnhalle zu verlassen. Andererseits war es traurig Menschen zu verlieren, die man gerade erst kennengelernt hatte und mochte. Die eben erst vertraut gewordene Umgebung zu verlassen, einmal mehr alle Sachen zu packen und zu gehen war auch für sie nicht so einfach. Mich machte es traurig, sie gehen zu sehen, vor allem diejenigen, zu denen ich eine Beziehung aufgebaut hatte. Ich mochte Bhata. Er war ein netter Kerl. Er hatte in der Vergangenheit in Afrika solche Schwierigkeiten gehabt, nun strebte er nach einem besseren Leben hier in Europa. Er war ein kluger Bursche, der an der Uni studiert und versucht hatte, im Südsudan ein Geschäft zu eröffnen. Aber er hatte kein Glück gehabt. Ich wünschte ihm wirklich, dass er sich hier niederlassen könnte. Ich war mir sicher, dass er gerne etwas für die Gemeinde leisten würde, wenn wir ihm nur die Chance dazu gäben.

Ein marokkanischer Vater, der vor Kurzem im Fernsehen dazu interviewt worden war, dass sein Sohn in Europa sein Glück versuchen wollte, konnte das nicht verstehen. Er sagte: „Mein Sohn hat es nicht geschafft, in seinem eigenen Land, in der vertrauten Umgebung, in der er aufgewachsen ist, erfolgreich zu sein oder einen anständigen Job zu finden. Wie wahrscheinlich ist es da, dass er das im Ausland schafft, auf einem Kontinent, dessen Sprache er nicht spricht, nicht weiß, wie das System funktioniert, und niemanden hat, um ihm zu helfen? Wie kann er da so optimistisch sein und glauben, dass er es wirklich schaffen wird?"

Und trotzdem, sie kommen. Mit all ihrer Hoffnung und diesem unbeugsamen Willen zu überleben und erfolgreich zu sein. Egal wie hart die Arbeit ist. Sie möchten alles dafür tun sich ein neues Leben aufzubauen, Stabilität und Freunde zu finden. Und eines Tages wachen sie vielleicht auf und denken sich: „Wow, ich hab's geschafft. Ich hab es wirklich hingekriegt!"

Zwischen Bhata und mir gab es eine Verbindung. Wir redeten immer gern miteinander, wenn ich ihn in der Turnhalle traf. Wir redeten viel, er war ein Denker und auch ein Träumer. Ich konnte mich mit ihm unterhalten, weil sein Englisch gut war. Man merkte, dass er studiert hatte.

Als ich ihm erzählte, dass er unter den zwölf war, die für den Transfer bestimmt worden waren, antwortete er: „Aber Carolina, meine Schwester, ich will nicht gehen. Ich will Poing nicht verlassen. Es gibt nette Leute in Poing. Du bist hier. Du bist nett zu uns. Du bist eine gute Freundin. Du bist für mich wie eine Mutter und eine Schwester. Du bist all das in einem. Und außerdem verstehst du mich. Aber nicht nur mich. Du verstehst auch die anderen. Du weißt, was ich erlebt habe und woher ich komme. Die meisten Leute sind nicht so wie du. Es interessiert sie nicht so wie dich. Dort, wo ich hingehe, werde ich so jemanden wie dich nicht finden. Wenn du sprichst, tust du es mit deinem Herzen. Ich weiß das, weil ich es spüre. Und das ist schön."

Seine Worte rührten mich. Ich wusste nicht, wie ich reagieren oder was ich sagen sollte. Ich schwieg einfach und das war okay. Ich verstand, was er meinte. Es bestätigte mir, dass all meine Arbeit nicht umsonst gewesen ist. Meine Hilfe hat jene Menschen erreicht, die Hilfe brauchten. Obwohl ich immer das Gefühl hatte, nicht genug zu tun. Ich war da, um mit ihnen zu sprechen und um ihnen zuzuhören. Ich war da, um für sie schnell ein paar Anrufe zu erledigen, Angelegenheiten mit dem LRA zu organisieren oder der Security etwas zu erklären, um das Leben dieser jungen Männer etwas angenehmer zu machen. Sie schätzten das. Und mir gab es ein ungemein gutes Gefühl.

Momente wie diese erinnerten mich daran, warum ich mit dem Projekt begonnen hatte. Solche Augenblicke waren der Lohn für meine Arbeit. Ich glaube, solche Momente machen unsere Welt stärker und liebevoller.

Ich steckte die Hand in meine Hosentasche und tastete nach dem Schlüsselanhänger, den ich in Großbritannien gekauft hatte. Wir hatten die Osterferien dort verbracht und ich hatte nur ein kleines Souvenir mitgenommen, das ich irgendwem schenken wollte. Noch hatte ich nicht entschieden, wer es bekommen sollte, und daher trug ich es die ganze Zeit bei mir. Ich hatte an eine meiner Freundinnen oder an einen der jungen Männer aus der Turnhalle gedacht. Jetzt war der richtige Moment gekommen, ich wusste, wem ich es geben wollte. Bhata sollte es bekommen. Es war nichts Besonderes, nur ein Souvenir aus London. Ich nahm den Schlüsselanhänger und gab ihn Bhata. Ich sagte, dass es eine Kleinigkeit aus London sei. Er wusste, dass ich dort gewesen war. Es solle ihm Glück und Kraft für seine Reise durch Europa schenken, eine Reise, die noch nicht so schnell zu Ende gehen würde. „Ich hoffe, dass es dir dabei hilft, deine Träume zu realisieren." Er sah mich an und lächelte. Er war ein bisschen überrascht und es sah aus, als wollte er mir in die Seele schauen: „Meine liebe Carolina, danke. Ein Geschenk aus London… Ich werde es immer bei mir tragen. Danke. Ich hoffe, dass wir uns wieder begegnen." Er brauchte nicht viel zu sagen. Alles war auf einer anderen Ebene schon gesagt worden.

Ich war traurig und wollte weinen. Ich weiß nicht genau, warum. Ich kannte ihn nicht sehr gut, aber da war diese starke Verbundenheit. Etwas, das ich nicht erklären kann. Obwohl mir nach Weinen zumute war, tat ich es nicht. Es war weder der richtige Zeitpunkt noch der Ort dafür. Bhata und ich, es fühlte sich an, als wären wir uns in einem anderen Leben schon einmal begegnet, als Bruder und Schwester oder etwas Ähnliches. Es war ein seltsames Gefühl. Selbst wenn ich ihn nie mehr wiedersehen würde, würde er lange bei mir bleiben, in meinen Gedanken, als ein Freund, der noch einen langen Weg vor sich hat.

Kamara

Als eine neue Welle von Flüchtlingen in Poing eintraf, war unter ihnen ein Asylbewerber, der weniger stabil war als die meisten anderen. Wir hatten von der Security davon gehört, ihn selbst jedoch noch nicht kennengelernt. Eines Tages, als ich mich gerade zu Hause entspannte, bekam ich eine Whats-App-Nachricht von Hilda:

> Hallo Carolina, unser Mann mit den Dreadlocks ist im City Center, er steht vor dem Buchladen und redet mit sich selbst. Ich bin grade an ihm vorbeigegangen. Soll ich etwas tun?

> Nein, warte. Er stellt ja nichts an, oder? Falls was passiert, musst du vielleicht die Polizei rufen. Aber wenn er nichts tut, ist es okay, denk ich.

> Er verhält sich ganz okay. Es schauen ihn nur alle, die vorbeigehen, an, als wäre er ein Alien von einem anderen Planeten.

Unser Dreadlock-Mann hieß Kamara. Kamara stammte aus Sierra Leone. Ich weiß nicht, was ihm widerfahren war oder was er in der Vergangenheit erlebt hatte, aber es muss ziemlich schlimm gewesen sein, seinem Verhalten und seiner Kommunikation mit den anderen nach zu schließen. Das erste Mal, als ich unsere „neuen" jungen Männer besuchte, traf ich auch Kamara. Ich erzählte auch ihm von den Kursen. Während ich mit ihm sprach, wurde er nervös und sagte, dass er dafür keine Zeit habe. Er war beschäftigt und auch gerade jetzt konnte er sich nicht mit mir unterhalten, weil er weiterkochen musste. Also ging er weg. Die anderen Jungs erzählten mir, dass er Probleme hatte. Es ging ihm nicht gut. Manchmal schrie er nachts. Sie fühlten mit ihm, konnten aber nicht viel für ihn tun. Es war offensichtlich, dass er psychische Probleme hatte und nur eine Therapie ihm helfen konnte sein Trauma zu überwinden. Er brauchte spezielle Betreuung, eine professionelle Psychotherapie, vielleicht auch mehr. Etwas, das wir ihm aufgrund unserer mangelnden Zeit und Fähigkeiten nicht geben konnten. Er sollte nicht so frei herumlaufen, allein, ohne jemanden, der sich um ihn kümmerte. Er konnte eine Gefahr für sich selbst oder auch für andere werden.

Ich sprach mit den anderen Helfern und dem LRA darüber, aber die einzige Antwort, die ich erhielt, war, dass er erwachsen sei und für sich selbst entscheiden musste. Wir konnten ihn zu nichts zwingen. Ich bin mir sicher, dass er selbst sich nicht darüber im Klaren war, dass er ein Problem hatte. Und ich fragte mich, wie er es überhaupt bis nach Deutschland geschafft hatte. Jetzt war er hier, in einem fremden Land, allein mit der Bitte um Asyl. Regelmäßig wurde er in unserem Einkaufszentrum gesehen, wie er vor dem Buchladen hin und her ging und mit sich selbst sprach. Das war nur eine seiner etwas beunruhigenden Angewohnheiten.

Meine Geschichte mit Kamara war an jenem Tag im Einkaufszentrum noch nicht zu Ende. Während eines meiner üblichen Besuche in der Turnhalle kam es zu einem konkreten Zwischenfall. Einer der Wachmänner erklärte mir, dass er in einer halben Stunde eine Gruppe von Jungs zur Arbeit schicken musste. Ich fragte ihn, ob alle startklar wären. Da er die Männer nicht so gut kannte und nicht wusste, welcher Name zu welchem Gesicht gehörte, beschloss ich ihm zu helfen. Ich wollte nicht, dass die Jungs Schwierigkeiten mit dem LRA bekamen oder sogar ihr monatliches Taschengeld gestrichen würde. Der erste auf der Liste war Kamara. Jener Kamara Massi, der Hundefutter und Granulat aus der Wasserpfeife aß und regelmäßig Selbstgespräche vor dem Buchladen führte. Ich konnte es nicht fassen, wie konnte das LRA erwarten, dass er arbeiten ging? Sie wussten doch, dass er psychische Probleme hatte. Trotzdem, ich ging zu ihm, um ihm die Situation zu erklären. Er hörte es nicht gerne und fing sofort an von seinen Rechten zu reden. Er hatte Menschenrechte und wir konnten ihn nicht dazu zwingen zu arbeiten oder sonst etwas zu tun, was er nicht wollte. Es gab Gesetze, die ihn davor beschützten, zur Arbeit gezwungen zu werden. Ich antwortete lediglich, dass nicht ich die Regeln aufgestellt hatte und dass ich nur versuchte, ihm als Freundin die Regeln dieses Landes zu erklären. Ich glaube, er hielt mich für jemanden von der Regierung oder dem LRA. Er wusste einfach nicht genau, wer ich war. Selbstverständlich zwang das LRA niemanden zum Arbeiten. Die Männer wurden für diese Arbeit bezahlt und versichert, sie wurden nicht von der Regierung ausgenutzt. Darüber hinaus zahlte die Regierung ihnen ein monatliches

Taschengeld von über 300 Euro[13]. Sie mussten keine Miete zahlen oder irgendwelche Rechnungen begleichen und sie konnten einmal pro Woche kostenlos Lebensmittel bei der Tafel holen. Hier und da ein paar Stunden zu arbeiten, wenn man sie dazu aufforderte, und noch dafür bezahlt zu werden, war also nicht zu viel verlangt. Ich versuchte ihm das zu erklären. Er begriff es nicht. Dann ging er, ohne ein Wort zu sagen. Ich vergaß den kleinen Zwischenfall.

Danach sprach ich mit anderen Leuten aus der Turnhalle. Während ich auf einem Stuhl neben Mulonga, einem 58-jährigen Flüchtling aus Sambia, saß und mich mit ihm unterhielt, hörte ich hinter mir lautstarkes Gerede. Ich sah mich um und stellte fest, dass mit mir gesprochen wurde, mit wütender Stimme. Es war Kamara Massi. Für ihn war unser Gespräch wohl noch nicht beendet. Er war zurückgekommen, um seine Argumente ein weiteres Mal vorzubringen. Er begann einen langen Monolog über Menschenrechte, darüber, wie Deutschland und Europa Afrika ausnutzten, über Sklaverei und darüber, dass seine Lebensbedingungen hier in der Turnhalle alles andere als menschenwürdig seien. Es war eine seltsame Situation, weil er mich mit jeder Menge Vorwürfe konfrontierte, ich aber nichts entgegnen konnte. Ich ließ ihn reden und hoffte damit die Situation zu entschärfen. Ich kam nicht zu Wort. Es gab keine Pausen zwischen seinen Sätzen, keine Gelegenheit für mich, etwas zu sagen. Er schien regelrecht rasend zu sein. Wenn ich nur versuchte, selbst etwas zu sagen, fiel er mir sofort ins Wort. Das war frustrierend. Irgendwann schaff-

---

[13] Wenn ein alleinstehender Leistungsberechtigter in einer Aufnahmeeinrichtung wohnt, hat er Anspruch auf eine Geldleistung zum notwendigen persönlichen Bedarf von 135 € nach § 3 Abs. 1 AsylbLG. Sobald er in einer Unterkunft außerhalb einer Aufnahmeeinrichtung untergebracht ist, bekommt er zusätzlich eine Geldleistung zum notwendigen Bedarf in der Höhe von 219 € nach § 3 Abs. 2 AsylbLG, angelehnt an die Hartz-IV-Regelsätze. Außerhalb einer Aufnahmeeinrichtung müssen sich die Asylbewerber selbst um ihre Mahlzeiten kümmern.

te ich es doch: „Hör zu", sagte ich, „ich bin als Freundin hier. Ich gehöre nicht zur Regierung." Das war alles. Plötzlich kam er mir sehr nahe, zu nahe. Er hatte meine persönliche Distanzzone überschritten. Und er sprach zu laut und so brutal, dass ich Angst bekam, dass er mich schlagen könnte, und wenn er es täte, würde es wehtun. Ich konnte so viel Hass in seinem Gesicht erkennen und so viel Gewalt in seinen Gesten. Ich hatte Angst und fühlte mich gleichzeitig total machtlos. Was konnte ich tun? Meine einzige Waffe waren Worte, aber im Augenblick konnte ich sie nicht wirklich nutzen. Vor mir stand ein Mann, der innerhalb von Sekunden explodieren konnte, und ich saß hier auf diesem Stuhl, ohne wirklich zu verstehen, was gerade geschah. Ich war gutgelaunt in der Turnhalle angekommen. Und jetzt das. Inzwischen kam der Wachmann auf uns zu und stellte sich hinter mich. Ich war froh, dass er gekommen war, aber ich fühlte mich immer noch ohnmächtig. Mir wäre es lieber gewesen, wenn er sich zwischen uns gestellt hätte. Ein paar Jungs kamen ebenfalls näher, um nachzuschauen, was los war und woher der ganze Lärm kam. Sie beobachteten uns aber nur aus der Ferne.

Mulonga sagte nach einer Weile: „Madam, Sie wissen, dass wir ihr Engagement und ihre Bemühungen schätzen. Hören Sie nicht hin, was dieser Mann sagt." Ich glaube, er war verärgert, dass Kamara unser Gespräch unterbrochen hatte. Mulonga verhielt sich gegenüber der ganzen Sache sehr nüchtern. Er schien sich überhaupt nicht zu fürchten. So wie er Kamara anschaute, schien er ihm sagen zu wollen: „Okay, bist du jetzt fertig? Wir sind hier mitten in einer Unterhaltung. Kannst du jetzt bitte gehen?" Dann ging Kamara plötzlich. Bevor er weg war, drehte er sich noch einmal zu mir um und sagte: „Sprich nie wieder mit mir, wenn du mich siehst." Wieder lag so viel Hass in seinen Augen, so viel Gewalt in der Bewegung seiner Augen. Ich begriff nicht wirklich, warum er so reagiert hatte. Er war seit drei Monaten hier und hatte mich jede Woche bei meinen Besuchen in der Turnhalle gesehen, wenn ich versuchte zu helfen und wenn ich Informationen an die Wand hängte, um allen das Leben zu erleichtern. Wie konnte er mich als „Feind" betrachten, mich, die ich als Freundin gekommen war.

Dann fragte Mulonga mich, als wäre nichts geschehen: „Können Sie mir bitte helfen? Ich brauche dieses Buch." Ich zitterte innerlich, aber ich schaffte es, nach außen hin stark auszusehen. Mir war nach Weinen zumute, aber die Turnhalle war kein guter Ort dafür. Ich atmete tief durch und bat um Papier. Ich schrieb den Buchtitel und den Verlagsnamen auf. Dann ging ich. Ich versuchte auszusehen, als sei alles in Ordnung, aber in Wirklichkeit war ich durch die ganze Sache zutiefst erschüttert. Ich war sprachlos. Als ich die Turnhalle verließ, folgte Alban, unser Kongolese, mir und wünschte mir einen schönen Tag. Er sagte: „Danke für deine Hilfe." Er brachte mich wieder zum Lächeln.

Draußen vor der Turnhalle traf ich den Wachmann wieder. Er fragte mich, ob ich den Fall dem LRA melden wollte. Ich sagte nur: „Keine Sorge, ich schreib ihnen eine Mail, in der ich erkläre, was passiert ist. Es muss keine offizielle Beschwerde sein." Dann fing der Wachmann an zu reden. Ich wollte ihm eigentlich nicht zuhören. Aber nach einer Weile verstand ich, was er mir mitteilen wollte. Er versuchte mir zu erklären, warum er sich hinter mich gestellt hatte. „Wir kennen Kamara inzwischen. Er tendiert dazu, verbal aggressiv zu werden, aber er tut nichts. Er setzt seine Worte nicht in die Tat um." Ich sah ihn überrascht an und lächelte, ohne es wirklich zu wollen. Was konnte ich auf so eine Bemerkung schon antworten. Also sagte ich nichts.

Am Freitag nach meinem Abenteuer mit Kamara kam ich nach Hause und bekam eine WhatsApp-Nachricht von Hilda.

Sie schickte mir ein Foto von einem Artikel im Münchner Merkur mit der Überschrift „Asylbewerber randaliert" und fragte mich, ob ich den Artikel schon gelesen hatte.

Es hatte wohl Schwierigkeiten in Steinhöring gegeben, wohin viele unserer Asylbewerber verlegt worden waren. In dem Artikel stand, dass ein 25-jähriger Eritreer versucht hatte Leute aus seinem Haus zu töten. Ich sah schnell in meinen Unterlagen nach, wer auf meiner Liste etwa 25 Jahre alt war. Der erste, der mir auffiel, war Bhata. Er war 28... Ich beschloss ihn anzurufen, um die Situation besser zu verstehen. Er freute sich, meine Stimme zu hören. „Oh Carolina, wir haben letzte Nacht alles verloren. Es ist verrückt, was uns passiert ist. Dieser Kerl ist durchgeknallt."

Ich fragte, was passiert und wer es gewesen war. War es einer aus unserer Gruppe? Nein, es war ein neuer Typ aus Ebersberg. Sie kannten ihn nicht. Bhata erzählte mir, dass dieser Kerl einen Brief bekommen hatte, in dem stand, dass er zurück nach Italien geschickt werde. Er war so aufgewühlt und wütend, dass er ein Messer nahm und anfing, alles um ihn herum aufzuschneiden, darunter Matratzen, Kleidung und Ausweise. Er versuchte, zwei Männer zu töten, die nur in letzter Sekunde durch ein Fenster flüchten konnten. Am nächsten Tag kam das LRA, um die Schäden zu untersuchen. Alle bekamen noch einmal ihr Taschengeld, um die Verluste ausgleichen zu können. Auch neue Ausweise sollten bald zugeschickt werden.

Monate später erfuhr ich, dass genau dieser Mann nach Poing gebracht worden ist. Ich traf ihn regelmäßig. Er kam kurz nach dem Ereignis zu uns, allein. Er war ein schüchterner Mann. Zu mir war er immer höflich. Er konnte ein wenig Deutsch und ein wenig Englisch. Er ist noch immer da, zurzeit besucht er professionelle Deutschkurse.

Solche Erlebnisse waren zum Glück nur die Ausnahme bei meiner Arbeit mit den Asylwerbern. Ich bin froh sagen zu können, dass ich eine Menge schöner Erfahrungen gesammelt habe, die den traurigen Momenten entgegenwirken und sie mich vergessen lassen.

Ich erinnere mich an einen besonderen Augenblick am See in Poing. Ich hatte meinen Sohn Xavier zum Klettern gebracht und Aksel, mein jüngerer Sohn, und ich hatten Zeit, um an den See zu gehen. Ich dachte, es wäre eine gute Idee, sich einfach ans Wasser zu setzen und Steine ins Wasser zu werfen. Als wir ans Ufer kamen, bemerkten wir, dass nicht weit von uns zwei Eritreer aus der Passauer Straße saßen, Libena und Aman. Sobald sie mich erkannten, winkten sie uns zu. Also gingen Aksel und ich zu ihnen, um sie zu begrüßen. Dann setzten wir uns zu ihnen. Natürlich stand Aksel sofort im Mittelpunkt. Sie freuten sich, ihm Fragen stellen zu können: Wie heißt du? Wie alt bist du? Er war inzwischen daran gewöhnt, weil ich meine Kinder manchmal mitnahm, wenn ich die verschiedenen Häuser in Poing besuchte, in denen Asylbewerber lebten. Aksel beantwortete gern ihre Fragen und setzte sich ganz von selbst neben Libena. Ich genoss es, die Körpersprache meines Sohnes zu beobachten. Ich konnte sehen, dass er sich wohlfühlte. Er stütze den Ellbogen auf Libenas Schoß. Dann stand er auf und holte zwei Steine, immer wieder zwei Steine, und gab sie den beiden jungen Männern. Das bedeutete: „Könnt ihr die Steine bitte so weit wie möglich ins Wasser werfen?" Für mich war es perfekt. So sehe ich die Welt: Menschen, die zusammenkommen und einen Moment voller Frieden und Glück miteinander teilen. In diesem Augenblick war Sprache zur Verständigung nicht wichtig. Nur ein Lächeln und ein Stein in der Hand eines Kindes als Geschenk waren vollkommen ausreichend.

Khalid

In der Zwischenzeit ging das Leben weiter. Und weil Amadou Poing verlassen hatte und die Küche des Kindergartens immer noch Hilfe brauchte, fragte ich Khalid, einen der Eritreer aus der Passauer Straße, ob er die Stelle wollte. Er war der Dolmetscher des Hauses. Vom ersten Tag an schien er das Kommando übernommen zu haben. Am Anfang verständigten wir uns auf Englisch, aber dann fand er eine Freundin und sein Deutsch wurde plötzlich viel besser. Er war derjenige, zu dem ich den meisten Kontakt hatte, aus ganz praktischen Gründen. Er lächelte immer, war höflich und hilfsbereit und sprach eben auch ganz gut Deutsch.

Khalid freute sich sehr, als ich ihm sagte, dass er in der Kindergarten-Kantine arbeiten konnte. Er war ein aktiver Mensch. Seit seiner Ankunft in Poing hatte er sich im Ort nach Arbeit umgesehen. Leider hatte er bisher nichts gefunden. Jetzt hatte sich das Blatt gewendet.

Er arbeitete schon eine Zeitlang im Kindergarten, als ich ihn eines Tages auf der Straße traf. Ich saß gerade auf der Terrasse eines Cafés. Ich fragte ihn, ob er heute nicht arbeiten musste. Er war für heute bereits fertig. So begann ich ihn zu fragen, wie ihm die Arbeit in der Küche gefiel. Er machte es gerne. Er hatte jetzt einen Grund, jeden Morgen aufzustehen, es gab seinem Leben einen Sinn. Es ist faszinierend, was ein Job mit einem Menschen anstellen kann. Ich lud ihn ein, sich zu mir zu setzen. Nachdem ich ihn gebeten hatte seinen Mitbewohnern eine Nachricht von mir zu überbringen, wechselte ich das Thema und fragte ihn nach seiner Reise durch die Sahara. Ich hatte über die Flucht durch die Sahara vor Kurzem im Internet grauenhafte Dinge gelesen und schreckliche Videos gesehen. Ich wollte wissen, ob er davon gehört hatte und wie es ihm ergangen war.

Khalid hatte selbstverständlich von diesen Geschichten gehört und Leute gesehen, die solche Tragödien überlebt haben. Aber er selbst war kein Opfer geworden. Auch keiner der anderen Eritreer in Poing war von diesem grauenhaften Schicksal betroffen.

Eritreische Flüchtlinge, die ihr Land verlassen, um nach Israel oder Libyen zu gelangen, sind für Entführer aller Art eine leichte Beute. Manche werden im sudanesischen Teil der Sahara von Beduinenstämmen gekidnappt und an Menschenhändler in Ägypten verkauft. Die eritreische Regierung beschützt ihre Bevölkerung nicht, die Menschenhändler wissen das.

Ich hatte auch eine Dokumentation von CNN über einen Ort namens al-Mahdia in der Wüste Sinai gesehen, wo dieser Menschenhandel aktiv betrieben wird. Es ging nicht nur um den Verkauf von Menschen, sondern auch um Folter.

Die Menschenhändler folterten ihre „Beute", um an Geld zu kommen. Sie folterten ihre Opfer Tag und Nacht, mit nur kurzen Pausen. Sie schlugen sie mit dicken Holzstöcken, verbrannten sie am ganzen Körper mit geschmolzenem Plastik, schlugen so lange auf ihre Fußsohlen ein, bis sie weder stehen noch laufen konnten, ließen sie von der Decke hängen und versetzten ihnen gleichzeitig Stromschläge. Für Geld. „Wenn du mir 3.500 US-Dollar gibst, bist du frei", sagten die Folterer. Die Opfer riefen dann ihre Verwandten an und baten um Geld. Während sie am Telefon sprachen, brannten die Folterer sie mit einem heißen Eisen, um sie zum Schreien zu bringen, damit die Verwandten es hören konnten.

Einer der Überlebenden, ein 23-jähriger Eritreer, der 2012 in einem sudanesischen Flüchtlingslager in der Wüste gekidnappt worden war, schilderte, dass ihm sogar gedroht worden war, ihm seine Organe zu entnehmen, wenn nicht bezahlt wurde. Als die Familie dann die geforderte Summe überwiesen hatte, wurde er dennoch nicht freigelassen, sondern an die nächste Bande weiterverkauft. Diese Bande folterte ihn monatelang, bis sie so viel Geld bekamen, wie sie gefordert hatten: 33.000 US-Dollar.

Einer der Menschenhändler, den Human Rights Watch interviewte, hatte einige Eritreer für 10.000 Dollar von Beduinen gekauft, das Geld musste wieder reingebracht werden. Er sprach darüber, als würde er mit Objekten handeln. Er erklärte ruhig, dass er seine Gefangenen, wenn die Wunden schwer entzündet waren, mit Alkohol und Verbänden behandelte. Damit er sie dann weiter quälen konnte. Bisher waren drei Menschen an seiner Folter gestorben. Normalerweise zahlten zwei von zehn Familien die Summe, die er verlangte. Anfangs hatte er 22.000 US-Dollar gefordert, dann hatte er den Preis auf 33.000 Dollar erhöht. Er hatte keine Angst mit den Reportern zu sprechen, weil die Polizei ihm zufolge sowieso nichts tun würde. Die Regierung hatte kein Interesse an der Sache. Es war ein grausamer Handel mit Menschen, ein grausamer aber sehr lukrativer Handel. So lukrativ, dass immer mehr anfingen, sich so ihr Geld zu verdienen. Einer von ihnen, ein 17-jähriger Händler von der Halbinsel Sinai, erzählte, dass er dieses Jahr 200.000 US-Dollar Profit gemacht hatte. Insgesamt hatte er 100 Eritreer gekauft. Er erzählte den Reportern, dass seine Eltern nichts davon wussten und ihm war klar, dass es „haram" (schändlich) war, aber es brachte ihm viel Geld.

Der Höhepunkt des Grauens. Eine Frau wurde gefoltert und vergewaltigt. Als dann ihr Kind geboren wurde, folterte der Peiniger und Vater des Kindes auch das Baby, sein eigenes Kind. Er verbrannte dem Kleinen den Kopf, um mehr Geld von der Familie zu bekommen.

Wo ist die Grenze der Habgier? Was würden diese Männer für Geld noch alles tun?

Die Überlebenden erzählen uns ihre Geschichten. Diese Geschichten dürfen nicht ignoriert und nicht vergessen werden. Wir müssen berichten, was auf der Welt geschieht. Wir müssen auch handeln.

Die Machthaber wissen von diesen Geschäften und sind vermutlich sogar daran beteiligt. Wie sonst können 30.000 eritreische Migranten die Grenzen nach und von Ägypten überqueren, um nach Israel zu gelangen? Nicht nur die ägyptische Obrigkeit, sondern auch die eritreische, sudanesische und libysche Elite ist an diesen makabren Geschäften beteiligt. Geld ist Macht.

V Enttäuschung und Hoffnung

Das lange Warten

Nach und nach sahen wir, wie die Turnhalle leer wurde, nach und nach sahen wir, wie unsere jungen Männer Poing in kleinen Gruppen verließen. Fast alle schienen natürlich sehr glücklich darüber zu sein. Sie wussten, dass sie nun eine bessere Unterkunft beziehen würden. Natürlich machte sie das glücklich. Die Lebensbedingungen in der Turnhalle waren ja nicht allzu toll.

Für uns Lehrer und Helfer war es aber vor allem traurig. In diesen wenigen Wochen und Monaten hatten die Asylbewerber und die Helfer Zeit gehabt ein paar schöne Erlebnisse miteinander zu teilen und Beziehungen aufzubauen, die wie von selbst zwischen den beiden Gruppen entstanden.

Kerstin zum Beispiel half Majid aus Sierra Leone einen Platz an einer Sprachschule in München zu finden. Sie begleitete ihn während des kompletten Bewerbungsprozesses, bis er angenommen wurde. Es fiel ihr schwer, ihn gehen zu sehen. Ich hingegen war vor allem ein wenig stolz, dass wir es geschafft hatten ihn in so einer guten Schule unterzubringen.

Hilda hatte Ibrahima geholfen ein Bankkonto zu eröffnen und auch bei allen anderen Aktivitäten des täglichen Lebens stand sie ihm zur Seite.

Irma hatte von Anfang an regelmäßig einmal pro Woche eine Gruppe Eritreer unterrichtet. Alle sind immer gekommen.

Ich hatte mit allen ein wenig Zeit verbracht, wenn ich sie in der Turnhalle besucht hatte. Wenn es ein Problem gab, kamen sie zu mir und ich erledigte für sie ein paar Anrufe oder gab ihnen hilfreiche Tipps.

Es war schwer sich zu verabschieden. Mit diesen ersten 37 Turnhallengästen lernten wir erst, was es heißt Abschied zu nehmen. Um unsere ehrenamtliche Arbeit genießen zu können, mussten wir eine Beziehung zu unseren Schülern aufbauen. Dann verlief das Lernen besser und angenehmer. Lehrer und Schüler waren ja keine Roboter, sondern Menschen mit Gefühlen. Die Helfer streckten den Asylsuchenden ihre Hände entgegen, weil sie helfen wollten. Manche wollten diese Hilfe nicht. Manche brauchten Zeit, um diese Hilfe annehmen zu können. Manche waren sehr froh darüber, dass wir da waren. Und es gab auch ein paar, die unsere Hilfe missbrauchten.

Das Bedrückendste an diesen Geschichten ist jedoch, dass diese Verbindungen zwischen Helfern und Asylsuchenden oft verloren gehen, sobald die Flüchtlinge Poing verlassen. Nach der Erfahrung des ersten Abschieds riet ich allen meinen Lehrern immer emotionalen Abstand zu unseren Gästen zu halten, sofern das eben irgendwie möglich war. Denn alle unsere Asylbewerber würden eines Tages Poing verlassen. Ich gab den Lehrern diesen Ratschlag, sprach aber auch zu mir selbst.

Mir wurde klar, dass wir immer wieder neue Leute hier haben würden, sie würden kommen und gehen. Sobald die Asylbewerber aber in einen anderen Ort verlegt wurden, mussten sie dort von Neuem beginnen Anschluss in der Gemeinde zu finden. Und wir mussten unser Glück mit den nächsten Flüchtlingen versuchen. Es dauert lange sich in eine Gemeinde zu integrieren. Nur ein paar Monate in Poing reichen dafür kaum aus. Wie also sollen die Flüchtlinge Kontakte aufbauen, wenn sie nie für längere Zeit an einem Ort bleiben dürfen? Für uns Helfer bedeutet das schlicht und einfach, dass wir unsere Arbeit nie kontinuierlich fortführen können. Die Lehrer versuchen also den Asylbewerbern wenigstens die Grundlagen der deutschen Sprache beizubringen. Es ist schwierig mehr zu tun.

Ich unterhielt mich mehrmals mit dem LRA zu diesem Thema. Mir war klar, dass die Turnhalle nur eine Zwischenlösung war. Und obwohl das LRA oft sagte, das Ziel sei es, die Turnhalle so bald wie möglich zu schließen, wusste ich, dass dies wohl nur ein Mythos war. Solange immer mehr Asylbewerber nach Deutschland kamen, wie sollten sie diesen Ort schließen können?

Inzwischen hatte ich die Situation akzeptiert, aber es ging ja nicht nur um mich. Es ging vielmehr um die Asylbewerber. Viele wirkten zäh, einige hatten aber auch ernsthafte psychische und emotionale Probleme. Und sie alle zusammen ein paar Monate lang in eine Turnhalle zu stecken, machte die Lage nicht besser.

Mittlerweile unterstützte ich seit eineinhalb Jahren Asylbewerber und obwohl ich jede Menge Energie in das Projekt gesteckt habe, habe ich manchmal das Gefühl, dass meine Arbeit, unsere Arbeit, nur ein Tropfen auf dem heißen Stein ist. Ich fühle mich wirklich wie ein winzig kleiner Wassertropfen im unendlichen Ozean. Manchmal zweifle ich an meiner Arbeit. Ich frage mich, ob das, was ich da mache, eigentlich das Richtige ist, ob es die ganze Mühe überhaupt wert ist. Mut und Hoffnung, um weiterzumachen, finde ich immer wieder bei den anderen Helfern.

Eine Lehrerin erzählte mir einmal, dass die Arbeit mit den Asylbewerbern sie sehr verändert hat. Ihre Lebensfreude hat neue Impulse erhalten, ihr Leben hat plötzlich eine tiefere Bedeutung bekommen. Darüber hinaus hat sie so viel über andere Kulturen gelernt, ihren Horizont erweitern können. Letztendlich waren sie, die Asylbewerber, auch wenn sie andere Einstellungen, andere Religionen, andere Ansichten hatten, genau wie wir: Menschen auf der Suche nach dem Glück.

Für die Asylbewerber war die ganze Situation noch viel schwieriger. Es war mühsam, auf das Ergebnis des Asylverfahrens zu warten. Niemand konnte sagen, wie lange das dauern würde. Bitte warten, hieß es da nur, immerzu warten.

Immer mehr Flüchtlinge erzählten mir, dass sie weggehen wollten. Dieses Thema tauchte ab jetzt regelmäßig auf. Ich hatte schon von solchen Fällen gehört, nicht in Poing, aber in unserem Landkreis. Alban, der einzige Kongolese in unserer Turnhalle, erwähnte, dass seine Mitbewohner aus dem Kamerun genug hatten vom Warten. Sie konnten nur Französisch sprechen, also hatten sie beschlossen, dass sie ihr Glück in Frankreich versuchen wollten. Auch einige Syrer rund um München hatten versucht, in Bezug auf die Wartezeiten etwas zu bewegen, indem sie einige Tage lang vor dem BAMF gestreikt hatten. Doch es hatte nichts gebracht. Nichts ist passiert, nichts hat sich verändert.

Jetzt waren die Senegalesen an der Reihe. Sie waren inzwischen schon eine Weile in Deutschland, waren von einem Ort zum andern verlegt worden, während sie auf die Bearbeitung ihres Antrags warteten. Wie alle anderen wollten sie arbeiten. Aber die Gesetzeslage hatten sich im Laufe der Zeit geändert, ab jetzt durften sie in Deutschland nicht mehr arbeiten. Es gab ein generelles Arbeitsverbot für Senegalesen, wie auch für Leute aus Ghana und dem Kosovo. Sie hatten bereits ein oder zwei Jahre gewartet, und nun das ... keine Aussicht auf Arbeit, keine Aussicht auf Hoffnung.

Unsere Männer waren jung und voller Energie. Sie waren so motiviert etwas anzupacken, wenn man sie nur ließe. Sie konnten ihr Leben nicht einfach für so lange Zeit auf Eis legen, nicht in diesem Alter. Es war an der Zeit, Erfahrungen zu sammeln, zu lernen und eine Familie zu gründen. Die Glücklicheren unter ihnen hatten nur Wochen gebraucht, die weniger Glücklichen Jahre, um ihr Land zu verlassen, um Europa zu erreichen. Viele schafften es nie, einen Fuß auf europäischen Boden zu setzen oder auch nur auf ein Boot, weil sie unterwegs gekidnappt, verhaftet, vergewaltigt oder getötet wurden. Diejenigen, die es bis nach Europa geschafft haben, waren wahrscheinlich so naiv zu denken, dass dies das Ende ihrer Abenteuer sei. Die Realität ist allerdings eine vollkommen andere. Mit der Ankunft auf europäischem Boden beginnt lediglich das zweite Kapitel ihrer Reise. Dieser zweite Teil kann sogar noch schwieriger werden als der erste Abschnitt. Und letztendlich gibt es für niemanden von ihnen eine Garantie, dass ihr Antrag auf Asyl in einem europäischen Land bewilligt wird.

Warten. Unsere ersten vier Pakistani befanden sich in genau dieser Situation. Sie waren seit über eineinhalb Jahren in Deutschland, man hatte ihnen eine feste Position in ihren Firmen angeboten und sie arbeiteten dort schon seit Monaten. Sie gaben ihr Bestes, um sich in unsere Gesellschaft einzugliedern.

Vor Kurzem sah ich Azfar auf seinem Fahrrad. Es war halb acht. Er fuhr zur Arbeit, wie jeden Tag, seit Monaten. Ich winkte ihm zu und er winkte zurück, mit einem großen Lächeln im Gesicht, wie immer. Ich sagte zu meinen Kindern: „Guckt mal, das ist Azfar. Er fährt zur Arbeit." „Wer ist Azfar?" fragten sie. „Er ist der Flüchtling aus Pakistan, der für uns Chicken Korma gekocht hat, vor fast zwei Jahren. Erinnert ihr euch nicht an ihn?" „Ach so, ja, das Korma hat so super lecker geschmeckt." Xavier führte den Gedanken noch weiter: „Oh, vor zwei Jahren war ich erst fünf." Zwei Jahre. Sehr viel war in diesen zwei Jahren passiert. Azfar hatte eine Arbeit gefunden, seinen Führerschein gemacht und ein Auto gekauft, aber eine Sache hatte sich leider nicht verändert, seine Familiensituation. Seine Frau und die zwei Kinder waren noch immer in Pakistan. Schon zwei Jahre hatte er sie nicht mehr gesehen. Seit zwei Jahren wartete er auf eine Antwort der deutschen Regierung. Auch die Familie in Pakistan wartete. Würde er anerkannt werden? Würde die Familie nach Europa kommen können? Er wusste es nicht. Wir wussten es auch nicht.

Hosni war in derselben Lage. Er war ein hübscher junger Mann. In seinem Land hatte er mit seiner Familie auf einem Bauernhof gearbeitet. Er war nie in der Schule gewesen. Als er in Deutschland angekommen war, konnte er weder lesen noch schreiben. Auch nicht in seiner eigenen Sprache.

Helena, seine Patin, kümmerte sich wirklich intensiv um ihn. Sie brachte ihm Deutsch bei, zunächst zu sprechen, dann fing er an zu schreiben. Jeden Tag gab es einen kleinen Fortschritt. Am Anfang war er sehr schüchtern, mit der Zeit wuchs jedoch sein Selbstbewusstsein und schon bald konnte er jedem, mit dem er sprach, direkt in die Augen schauen. Oft sagte Helena: „Du bist jung und hübsch, such dir doch eine Frau." Er antwortete immer: „Ne, ich kann es nicht." Dann passierte es dennoch. Er traf eine Frau aus der Umgebung, sie haben sich sofort ineinander verliebt. Liebe auf den ersten Blick! Man könnte meinen, es sei eine kalkulierte Handlung. In diesem Fall stimmte das aber nicht. Die beiden waren auf Wolke sieben. Sie waren so verliebt, dass alles, was in der

Welt herum passierte, keine Bedeutung für sie hatte. Nach einiger Zeit zog er bei ihr ein und wurde Teil ihrer Familie.

Wie würde es weitergehen? Er war seit mehr als zwei Jahren in Deutschland, aber noch nicht anerkannt. Alle sechs Monate wurde sein Ausweis für ein halbes Jahr verlängert. Nach jeder Verlängerung rief Hosni mich an, um mir zu sagen: „Ich bleibe noch sechs Monate." Es war ein Moment, der gefeiert werden musste.

Bhatas Worte fielen mir wieder ein: „Hätte ich gewusst, wie es in Europa läuft, wäre ich in der libyschen Wüste geblieben und hätte mich dort niedergelassen. Vielleicht wäre das Leben in der Wüste besser als hier. Die Leute stellen sich Europa als einen großartigen Ort zum Leben vor. Aber alles, was mir erzählt wurde, war gelogen. Die Schleuser, die natürlich mein Geld wollten, erzählten mir und allen anderen, die jegliche Hoffnung verloren hatten, dass Europa gut wäre und dass dort alle, die es über das Meer schafften, Geld und eine Unterkunft bekämen. Es stimmt, aber unter welchen Bedingungen! Natürlich wussten wir es nicht besser. Wenn du die Hoffnung verloren hast, glaubst du alles, was du hörst. Ich hatte mein Hotel im Südsudan verloren. Ich hatte nichts mehr, gerade noch genug Geld, um das Meer zu überqueren. Das Meer zu überqueren war meine einzige Hoffnung, aber jetzt weiß ich es besser. Jetzt würde ich lieber zurück nach Afrika gehen. Nicht nach Hause. Aber wie soll ich zurückkehren? Ich habe keinen Pass. Ich kann nicht zurück."

Das Schlimmste am Asylverfahren ist wohl, dass man all diese Menschen etwa drei Jahre lang warten lässt. Hoffen lässt. Und dann werden die Anträge häufig doch abgewiesen. Ein schnelleres Verfahren würde nicht nur die Instabilität und das Elend unter den Migranten verringern, sondern auch die Ungeduld und das Unverständnis unter der einheimischen Bevölkerung.

Impact Day

Freitag, der 12. Juni 2015. Ich war ein bisschen nervös. Es würde ein langer Tag für mich werden. Als mein Mann und meine Kinder um sieben Uhr morgens aus dem Haus gingen, backte ich schon eine Zucchini-Paprika-Quiche. Kokoskekse hatte ich schon am vorigen Abend vorbereitet. Hundert Stück. Das alles hätte ich an einem Tag nicht geschafft. Sobald die Quiche fertig war, ging ich zum lokalen Caterer, um Tellerwärmer zu holen. Um halb neun wartete ich schon am Familienzentrum auf Peter. Zusammen kauften wir die Getränke für den Tag.

Im April, während ich in England gewesen war, hatte Peter mich mit einer E-Mail überrascht. Peter arbeitete für Eurosport.de in München und die Firma war kürzlich von Discovery Channel aufgekauft worden. Weil sie nun zu Discovery gehörten, nahmen sie an deren jährlichem Impact-Day-Projekt teil. Discover Your Impact Day, das bedeutet: An diesem Tag bleibt die eigentliche Arbeit liegen, um Organisationen und Projekte zu unterstützen, die sich für eine gute Sache einsetzen. Man möchte „der Welt" an diesem einen Tag im Jahr etwas zurückgeben. 2014 hatten 4.000 Angestellte mitgemacht, in 50 Büros und 35 Ländern. Peter beschloss dieses Jahr etwas in der Gemeinde zu tun, in der er jetzt lebte, Poing, mit unseren Asylbewerbern. Thomas Gerck hatte ihm meine Kontaktdaten gegeben.

Wir kamen in die Turnhalle. Manche warteten bereits auf uns, andere schliefen noch oder frühstückten gerade. Manche wussten nicht einmal, was los war. Die Veranstaltung fand in der Woche statt, nachdem die meisten unserer 37 Männer uns verlassen hatten. Neue Asylbewerber waren kurz darauf eingetroffen, die letzte Gruppe war nur zwei Tage vor der Veranstaltung angekommen. Wir kannten uns noch gar nicht. Deshalb war ich an diesem Tag ein bisschen nervös. Ich vermisste die mir vertrauten Menschen aus der Turnhalle. Die Arbeit mit dieser neuen Gruppe hatte eben erst begonnen. Ich hatte keine Ahnung, wie dieser besondere Tag verlaufen würde.

Die letzten Tage hatte ich viel Zeit damit verbracht zu erklären, was heute stattfinden sollte. Bei meinen zahllosen Besuchen in der Turnhalle hatte ich es immer und immer wieder besprochen. Und trotzdem brauchten wir heute mehr als eine Stunde, bis alle fertig waren, um in den Park zu gehen. Wir wollten unseren Asylbewerbern den Wildpark in Poing zeigen, danach im Sportzentrum Fußball spielen und den Tag mit einer Party abschließen. Letzte Woche hatte ich unsere Eritreer gebeten ihr Nationalgericht, Ingera, für uns zu backen. Und ich hatte die Nigerianer, Senegalesen und Malier gebeten auch etwas zu kochen. Ich hatte die Pakistanis und Syrer aus den Häusern gefragt, ob sie mitmachen wollten. Und alle waren dabei! Ich war ziemlich zuversichtlich, dass die meisten Leute, die zugesagt hatten, auch kommen würden. Aber erst heute Abend würde ich es sicher wissen.

Als wir mit unseren 40 Männern im Wildpark Poing ankamen, besuchten wir als erstes die Kaninchen und die Meerschweinchen. Die Jungs waren total begeistert, dass sie die Tiere anfassen und streicheln durften. Nur so im Spaß sagte ich, dass wir sie aber nicht essen konnten. Sie sahen mich neugierig und überrascht an. „Wirklich, warum nicht?" Ich lachte, noch so ein kultureller Unterschied …

„Wo sind die Löwen? Wo sind die Tiger?", fragten ein paar Jungs. Ich erklärte ihnen, dass wir hier nicht in einem Zoo waren, sondern in einem Tierpark, mit Tieren aus der Region. Es gab keine Löwen, aber Wölfe und Bären. Dann die nächste Frage: „Wo sind die Wölfe?"

Libena aus Eritrea war ein sehr junger Mann, der länger gebraucht hatte, sich ein wenig zu öffnen. Er war Schreiner, hatte erst kürzlich einen 1-Euro-Job an der lokalen Förderschule bekommen und hatte davor zunächst natürlich ein bisschen Angst: „Wie kann ich arbeiten, wenn ich weder Englisch noch Deutsch spreche?" Aber ich hatte ihn beruhigt und erklärt, dass das nicht schlimm war. Er solle einfach weiter in unsere Deutschkurse gehen und die Sprache lernen. Von diesem Tag an war er wie ausgewechselt. Und heute im Park schoss er Fotos von all den Tieren um ihn herum, grinsend und lachend wie ein kleines Kind, das noch nie in so einer Situation gewesen ist. Auch ich lächelte. Für mich war es eine schöne Belohnung, sie so glücklich zu sehen. Auch ich war glücklich, diesen Augenblick mit ihnen teilen zu können. Ich dachte mir, dass ich genau diesen Moment für immer in meinem Gedächtnis festhalten sollte, denn solche Momente gibt es leider nicht jeden Tag.

Ich habe da so meine Theorie, dass man nicht gleichzeitig glücklich und unglücklich sein kann. Wenn man glücklich ist, kann man im selben Moment nicht traurig sein. Das ist unmöglich. Die Asylbewerber gerade in diesem Moment glücklich zu sehen bedeutete, dass sie in diesem Augenblick nicht unglücklich sein konnten. Dieser Tag half ihnen, ihre tägliche Routine aus Essen, Schlafen und Warten zu durchbrechen. Heute konnten sie all ihre Sorgen beiseite lassen, wenigstens für einen Tag.

Aber nicht alle waren glücklich. Manche wirkten sogar todunglücklich. Vor allem die Senegalesen. Ich wusste warum. Aliou wollte an diesem Tag mit mir reden. Auf dem Weg zum Park vertraute er sich mir an. Er wusste, dass ich eine gute Zuhörerin war. Er war Anfang 20 und über Spanien nach Europa gekommen. Von dort ging er nach Italien, wo er lange blieb, bis er feststellte, dass er in diesem Land auch keine Zukunft hatte. Er war gerade erst in Poing angekommen, war aber davor oft von einem Lager ins nächste verlegt worden. Ich glaube, er unterhielt sich gern mit mir, weil ich Französin war und es zwischen uns keine Sprachbarriere gab. Sein Englisch und sein Deutsch waren schlecht. „Was sollen wir machen? Ernsthaft, was sollen wir machen? Wir können in Deutschland nicht arbeiten. Ich habe in Ingolstadt gearbeitet. Jetzt darf ich das nicht mehr. Schlafen, essen und warten, das ist kein Leben. Ich weiß nicht mehr weiter. Ich weiß nicht, was ich machen kann. Ich kann nicht einmal in meine Heimat zurückkehren. Ich habe keinen Pass. Was kann ich ohne Pass schon tun? Sie nehmen ihn dir weg, wenn du auf ein Boot gehst. Meine einzige Hoffnung ist in einem europäischen Land angenommen zu werden. Aber ich kann nicht zwei oder drei Jahre hierbleiben, auf eine Antwort warten und nichts tun.“

Er hielt für ein paar Sekunden inne, als bräuchte er Zeit, seine Gedanken zu sortieren, dann fuhr er fort: „Ich glaube, das Einzige, was ich tun kann, ist zu verschwinden, Deutschland zu verlassen. Wenn ich hier nicht arbeiten kann, hat es keinen Sinn, hierzubleiben.“

Wie bei all den anderen auch, die mir ihre Geschichte erzählt hatten, fühlte ich natürlich mit ihm und verstand, warum er verärgert war. Er war es leid, in einem europäischen Land um Asyl zu kämpfen. Er hatte endlich verstanden, dass es ihm nicht möglich sein würde, ein normales Leben in Europa zu führen. Vielleicht, wenn ein unvorhersehbares Wunder geschah. Aber das war ziemlich unwahrscheinlich. Wo auch immer er hingehen würde, man würde ihn nicht aufnehmen und er würde sich nicht niederlassen können. Nichts war für ihn mehr wichtig.

Was hätte ich an seiner Stelle getan? Ich konnte es nicht sagen, weil ich eben nicht an seiner Stelle war. Aus meinem

Blickwinkel, als Helferin, konnte ich nicht viel für ihn tun. Das Gesetz war durch. Senegalesen durften in Deutschland nicht arbeiten. Es war eine Tatsache. Und Poing hatte zwölf Senegalesen. Zwölf deprimierte Senegalesen. Natürlich machte das unser Leben als Helfer nicht einfacher. Wie sollten wir diese Menschen in die Gemeinde integrieren? In anderen Orten rund um München, zum Beispiel in Dachau, ist eine Petition geschrieben worden, um diese Situation zu ändern. Ohne Erfolg, Gesetz ist Gesetz.

Zumindest schafften es aber ein paar von unseren Flüchtlingen, ihre Sorgen und Gedanken abzuschalten und den Tag mit den Tieren zu genießen. Mittags aßen wir alle zusammen Brot und Brezen mit Aufstrich und Obst. Die Wassermelonen kamen super an und waren innerhalb von Sekunden weg. Wölfe und Bären kamen auch super an. Sie präsentierten sich an diesem Tag von ihrer besten Seite.

Nach drei Stunden im Wildpark war es Zeit weiterzuziehen. Fußball war an der Reihe. Inzwischen war es Nachmittag, ungefähr halb drei, das Wetter war schön, über 30 Grad Celsius. Die schwarzafrikanische Gruppe fand, dass es zu heiß war, um Fußball zu spielen. Sie hatten auch keine Sportsachen an, also gingen sie nach und nach. Außerdem wollten sie anfangen für die Party zu kochen. Die Eritreer blieben. Schon bei vielen Gelegenheiten habe ich große Unterschiede zwischen den Schwarzafrikanern und den Afrikanern vom Horn von Afrika bemerkt. Auch an diesem Tag.

Normalerweise unternahmen diese beiden Gruppen nicht viel gemeinsam, hauptsächlich wegen der Sprachbarriere. Nur eine Minderheit der Eritreer konnte Englisch. Nicht nur deshalb fühlten sie sich unter sich wohler. Sie waren eine Gruppe, vielmehr eine richtig starke Einheit. Für uns war es schwierig eine fließende Kommunikation mit den Eritreern zu entwickeln. Meistens gab es nur einen, der Englisch sprechen konnte und als Dolmetscher fungierte. Was bedeutete, dass wir immer mit einer ganzen Gruppe sprachen. Einzelgespräche waren nicht möglich. Zumindest am Anfang.

Die Eritreer freuten sich über alle Aktivitäten, die wir anbieten konnten. Sie kamen alle zu allen Veranstaltungen und Kursen. Das war für uns Helfer sehr schön.

Heute hatten die Eritreer den Ball genommen und spielten mehr als eine Stunde lang Fußball mit dem Eurosport.-de-Team. Ich hatte inzwischen meine Kinder abgeholt und Xavier, mein älterer Sohn und Fußballfan, wollte auch Fußball spielen. Sie waren nett zu ihm und ließen ihn mitmachen. Er war in der besseren Mannschaft. Jedes Mal, wenn es ein Tor gab, rief er mir zu: „Mama, wir haben ein Tor geschossen, wir gewinnen, eins zu null! Mama, wir haben ein Tor geschossen, wir gewinnen, zwei zu null!" Er schwebte auf Wolke sieben. Die Eritreer nahmen das Spiel nicht so ernst. Obwohl ein Team schwächer war und keine Tore schoss, störte sie das nicht. Sie hatten einfach Spaß und genossen den Augenblick.

Als das Fußballspiel vorbei war, fing meine Arbeit erst an. Ich hatte alle gebeten um 16.00 Uhr zum Helfen ins Familienzentrum zu kommen. Ich hatte keinen genauen Plan, weil ich nicht ganz sicher war, wer auftauchen würde. Mir ging es mehr darum, Spaß zu haben und eine gute Atmosphäre zu schaffen. Das würde schwierig genug werden.

Am Morgen hatten die Eritreer mir stolz erzählt, dass sie schon 100 Ingera gebacken und vier Gerichte dazu gekocht hatten. Ich wusste auch, dass Kamel ein syrisches Gericht zubereitet hatte. Auch die neu angekommenen Asylbewerber hatten zugesagt etwas vorzubereiten, aber ich hatte noch nichts davon gesehen. Ich kannte sie noch nicht sehr gut und wusste nicht, ob ich mich wirklich auf sie verlassen konnte. Es war ein bisschen ein Spiel mit dem Feuer.

Eine Stunde vor Beginn der Party ging ich in die Turnhalle. Mir gefiel, was ich sah. Vier oder fünf Männer waren in der Küche beschäftigt, jeder mit der Zubereitung seines Gerichts. Mehr als fünf Leute hätten gar nicht in die Küche gepasst. Sie waren sehr konzentriert und fokussiert. Ich musste lächeln, war erleichtert und glücklich.

In diesem Augenblick bedauerte ich sehr, dass die vorherigen Bewohner der Turnhalle nicht mehr hier waren. Sie waren alle so gut miteinander ausgekommen, die Atmosphäre wäre bestimmt gut gewesen. Heute Abend war ich mir da nicht so sicher. Ich hatte mit der Organisation der Party nicht besonders viel Glück gehabt. Viele Gruppen oder Personen, die bestimmt gute Stimmung gemacht hätten, schafften es heute nicht zu kommen. Aber Carla, eine Zumba-Meisterin, hatte in letzter Minute noch zugesagt und auch Tom, ein Capoeira-Lehrer, hatte meine Einladung angenommen und veranstaltete gern eine kleine Show für uns. Die Kirche hatte mir Trommeln zur Verfügung gestellt. Die Presse war ebenfalls eingeladen. Die Süddeutsche Zeitung war sehr interessiert an der Veranstaltung und hatte ein paar Tage zuvor schon einen Artikel dazu geschrieben. Und sie schickten auch heute eine Journalistin zu uns.

Als die Jungs im Familienzentrum ankamen und die Djemben sahen, wollten sie alle sofort drauflos trommeln. Zuerst schnappten sich die Nigerianer die Instrumente, sie trommelten nicht nur, sie sangen dabei auch leidenschaftlich. Danach kamen die Leute aus dem Senegal, Mali und dem Kongo an die Reihe. Die Stimmung war gut.

Ich hatte Angst gehabt, dass es nicht genug Essen geben würde, aber das war kein Problem. Ganz im Gegenteil.

Das Abendprogramm dauerte mehr als drei Stunden, in denen immer etwas los war. Ich genoss es Ahmeds Vater, Kamel, zu sehen, wie er sich traute beim Zumba-Workshop mitzumachen. Es brachte mein Herz zum Schmelzen, als ich zusah, wie meine Kinder mit den andern Kindern vor aller Augen, so gut sie konnten, den Capoeira-Schritten folgten. Ich konnte nicht anders als beim Willkommenstanz der Eritreer mitzumachen, bei dem die Helfer ihr Bestes gaben, um mit den eritreischen Männern im Rhythmus zu tanzen. Überall sah man ein Lächeln und hörte lautes Gelächter. Drei Stunden lang war etwas los. Für mich war es das, was das Leben in einer Gemeinschaft ausmacht. Eigentlich das Leben im Allgemeinen. Diese wertvollen Momente des Zusammenseins sind das, was zählt. Diese Harmonie. Gemeinsam einen friedvollen Moment zu verbringen. Zu versuchen, die zarte Beziehung zwischen den Leuten nicht zerbrechen zu lassen. Mit Musik und Essen Freude zu schaffen. Mehr braucht es nicht, um Kulturen zusammenzubringen. Ich glaube, das versuchte ich der Journalistin an diesem Tag zu erklären, als sie mich interviewte.

Was macht Aliou?

Der Sommer kam und ich fuhr in Urlaub, ich hatte mir einen richtigen Urlaub verdient, vielmehr, ich brauchte ihn. Abschalten und eine Zeitlang an meine Familie und mich denken, das war nun angesagt. Ich hatte einen großen Teil meines Lebens, meiner Zeit und meiner Energie unseren Asylbewerbern gewidmet, jetzt wollte ich wieder Kraft tanken.

Während ich wegfuhr, ging das Leben in Poing weiter. Die Deutschkurse wurden auch während der Ferien fortgeführt. Sogar neue Veranstaltungen wurden in dieser Zeit organisiert, wie Verkehrsstunden, welche die örtliche Polizei arrangierte, um den Asylbewerbern die Verkehrsschilder und die Verkehrsregeln im Allgemeinen nahezubringen.

Obwohl ich im Urlaub war, erhielt ich ab und zu E-Mails, um auf dem Laufenden zu bleiben. Manchmal bekam ich sehr nette Nachrichten wie diese:

„Seit Alban am Wertstoffhof arbeitet, ist es dort so ordentlich und sauber. Sie sind sehr zufrieden mit ihm und haben gefragt, ob er statt einmal pro Woche jeden Tag zum Arbeiten kommen könnte."

Von Alban wusste ich, dass er über seine neue Situation sehr glücklich war, weil auch er mir Nachrichten schickte. Ihm fiel es leichter im Alltag Deutsch zu lernen und zu üben. Bevor ich weggefahren war, hatte ich dem LRA seinen Namen für einen 1-Euro-Job gegeben und es hatte tatsächlich geklappt. 1.000 Kilometer von Poing entfernt begann ich verträumt in Albans Zukunft zu blicken. Ich dachte, dass er mit seiner Erfahrung durch den 1-Euro-Job beim Wertstoffhof vermutlich ein gutes Empfehlungsschreiben bekommen würde und einen besser bezahlten Job finden konnte, sobald sein Deutsch einigermaßen gut war. Allein darüber nachzudenken machte mich glücklich und zufrieden. Mit der Zeit hatten wir also tatsächlich ein System entwickeln können, dass den Asylbewerbern half, sich in der Arbeitswelt dieses Landes einzufinden.

Ich freute mich auch über Mails von Leuten, die uns helfen wollten. Eine Dame ließ uns einen Essensgutschein über 100 Euro für ein Restaurant zukommen. Statt ihn selbst einzulösen, hatte sie beschlossen ihn Leuten in größerer Not zu geben und sich für die Asylbewerber in Poing entschieden. Das gab uns wiederum die Möglichkeit eine Pizza-Party für Asylbewerber und Deutschlehrer zu veranstalten.

Solche Gesten zeigten mir, dass Poing gewillt war zu helfen. Es war ein beruhigendes Gefühl. Wir waren nicht allein, wir hatten Unterstützung. Das machte mich glücklich.

Doch ich erhielt auch eine traurige Nachricht. In der Turnhalle hatte es einen Zwischenfall gegeben und die Polizei musste gerufen werden. Ein Streit zwischen zwei Asylbewerbern war ausgebrochen, und während ein Wachmann versucht hatte einzugreifen, war er am Kopf verletzt worden. Solche Mails machten mich traurig. Ich konnte die Geschichte nicht ganz begreifen und die Situation aus der Ferne nicht beurteilen. Dazu hatte ich nicht genügend Informationen, es klang jedoch gar nicht gut. Aber auch solche Nachrichten waren ein Teil der Realität.

Ich wusste, dass einer der beteiligten Asylbewerber Aliou war. Ich fühlte mich schuldig, weil ich einen Anruf von ihm zur Zeit des Vorfalls verpasst hatte bzw. nicht ans Telefon gegangen war. Ich hatte ja schließlich Urlaub. Vielleicht hatte er angerufen, um mich um Hilfe zu bitten. Ich war die einzige Person in Poing, die er kannte und die Französisch sprach. Zum gegebenen Zeitpunkt war ich aber weit weg und unfähig ihm so zu helfen, wie ich es von Poing aus gekonnt hätte. Es war frustrierend, weil ich nur die eine Seite der Geschichte kannte, die ausschließlich ihn beschuldigte. Ich wollte seine Version der Sache hören. Dazu musste ich warten, bis ich ihn in Poing persönlich sehen konnte, denn er antwortete nicht auf meine Anfragen.

Es sah nicht gut aus für Aliou. Ich hatte trotzdem Mitleid, obwohl er sich in Deutschland gerade sein eigenes Grab schaufelte. Tag für Tag schwanden seine Chancen, in Deutschland bleiben zu dürfen. Wegen dieses Zwischenfalls würde er vermutlich wegen Körperverletzung angeklagt und verhaftet werden. Der Wachmann war am Tag des Vorfalls ins

Krankenhaus gebracht worden, konnte aber zum Glück eine Woche später wieder zur Arbeit erscheinen.

Aliou befand sich in einer heiklen Situation. Was konnte er jetzt noch tun, außer wieder zu warten? Als ich nach meinem Urlaub zurück nach Poing kam, bat ich ihn, mir seine Version der Geschichte zu schildern. Wenn ich ihn richtig verstanden habe, hatte er jedes Mal auf die Situation reagiert, war aber selbst weder der Angreifer noch der Verursacher des Konflikts. Vieles, was ich über ihn gehört hatte, war nicht wahr. Sicherlich, er war alles andere als ein Heiliger, er trank und kiffte gern, er war aber bestimmt kein Dieb, wie es angebliche Zeugen zum Beispiel behauptet hatten. Für ihn waren Gerechtigkeit und Fairness wichtige Werte.

Ich erklärte ihm dann, wie die Realität für ihn aussah, nämlich gar nicht gut. Er wusste das bereits. Und als ich ihm sagte, dass er für sein Verhalten vielleicht ins Gefängnis gehen musste, sah er mir in die Augen und antwortete ruhig: „Ich bin in Deutschland. Ich werde nach deutschem Recht verurteilt werden. Wenn das Gericht entscheidet, dass ich ins Gefängnis muss, dann werde ich ins Gefängnis gehen. Ich habe nichts dagegen. Ich habe den Stein nach dem geworfen, der ihn zuerst nach mir geworfen hat, leider hat sich der Wachmann vor den Kerl gestellt. Das war Pech, für ihn und für mich. Als er zurück zur Arbeit gekommen ist, habe ich mich bei ihm entschuldigt. Es tat mir wirklich leid. Ich wollte ihn nicht verletzen. Wenn ich jetzt ins Gefängnis muss, dann werde ich ins Gefängnis gehen." Er akzeptierte sein Schicksal. „Aber ich will von den Leuten nicht wie ein Dieb behandelt werden, denn ich bin kein Dieb."

Ich riet ihm, sich unauffällig zu verhalten und sagte ihm auch, dass es gut für ihn wäre, wieder regelmäßig zum Kurs zu kommen und Interesse an unseren Aktivitäten zu zeigen.

Ich versprach ihm auch, dass ich ihm einen 1-Euro-Job beschaffen würde, damit er mal aus der Turnhalle raus konnte.

Was seine Psyche und die Psyche vieler Senegalesen wirklich massiv beeinträchtigte, war das Arbeitsverbot für diese Nationalität in Deutschland. Es besiegelte ihr Schicksal, nahm ihnen für immer die Hoffnung. Sie konnten nur untätig warten. Auf die Abschiebung. Wenn sie versuchen würden Deutschland zu verlassen, würden sie Schwierigkeiten mit der deutschen Polizei bekommen. Weil das BAMF aber vor Arbeit erstickte und die Prioritäten woanders lagen, würden sie weitere drei oder vier Jahre warten müssen, bis sie ihren Abschiebungsbefehl erhalten würden. Wie absurd!

Dann erzählte Aliou mir, dass er gearbeitet hatte, als er in Italien gewesen war, aber nur als Teilzeitkraft. Deshalb hatte er Italien verlassen und sein Glück in Deutschland versucht. Er wollte einfach mehr arbeiten, ein stabiles Umfeld haben, ein normales Leben führen. Und dachte, Deutschland sei die Antwort. Während er über Italien sprach, fand ich auch heraus, warum er überhaupt nach Europa gekommen und warum er so lange in Italien geblieben war. Er war einfach nur seinem Vater gefolgt ...

Alious Vater hatte sein Dorf und seine Familie im Senegal verlassen, um in Europa Arbeit zu finden und die Familie zu unterstützen. Er hatte sich in Italien niedergelassen und schickte jeden Monat Geld nach Hause. Er erzählte nie, wie schwierig seine Situation in Wirklichkeit war. Zuhause glaubte das Dorf, dass er ein großartiges Leben führte. Wie konnte er die Wahrheit über sein Leben in Europa auch erzählen? Es wäre eine Schande, den Mythos zu zerstören, der in Afrika bereits seit Jahrzehnten gepflegt wurde. Gerade deshalb wollte auch Aliou nach Europa gehen. Es wurde sein Traum. Wenn sein Vater es geschafft hatte, warum nicht auch er? Sein Vater hatte ihm das Familienunternehmen in Afrika überlassen und ihm die Verantwortung dafür übertragen. Aber Aliou wollte mehr. Er schloss das Geschäft und verließ das Land. Nach all seinen Anstrengungen Europa zu erreichen, was für eine Überraschung war es da, seinen Vater in einer so bescheidenen Unterkunft zu finden und letztendlich die Wahrheit über sein europäisches Dasein zu entdecken. Ein Schock. Jetzt war er hier. Er hatte so viel Geld dafür ausgegeben, hierherzukommen, dass er keine Möglichkeit hatte, in den Senegal zurückzukehren. Jetzt musste er es irgendwie schaffen, hier in Europa, im gelobten Land.

Ich dachte, es würde einfach werden, Aliou über das LRA einen 1-Euro-Job zu besorgen. Aber das Blatt hatte sich gewendet. Wegen des rasanten Zustroms von Asylbewerbern und der zunehmenden Menge an Arbeit konnte sich das LRA die Verwaltungsarbeit für solche 1-Euro-Jobs im Augenblick nicht mehr leisten. Aliou schien es nicht sehr zu kümmern. Tag für Tag hatte er Zeit gehabt, sich einen neuen Plan auszudenken. Er wollte ihn mir zunächst nicht verraten. Schließlich erzählte er mir doch, dass er nach Holland gehen wollte. Holland? Ich war überrascht. „Glaubst du nicht, dass es genauso sein wird wie hier? Nein? Warum gehst du nicht zurück nach Hause?" Er antwortete: „Hätte ich gewusst, dass Europa so ist, wäre ich niemals hergekommen. Wirklich. Aber jetzt bin ich hier. Ich habe mein ganzes Geld für die Reise ausgegeben, jetzt muss ich bleiben." Also Holland. Ich wusste nicht, was ich sagen sollte. Er tat mir wirklich leid. Ein stolzer Afrikaner, Manager eines Familienunternehmens zu Hause und nun ein sturer Asylbewerber in Deutschland, der knapp vor einer Gefängnisstrafe stand, der aus Schamgefühl nicht bereit war, nach Hause zurückzukehren. Ich hoffte wirklich, dass er die richtige Entscheidung treffen würde. Ich bat ihn sich zu verabschieden, bevor er ging. Er erwiderte: „Nein, aber ich gebe dir Bescheid, wenn ich sicher in Holland angekommen bin."

Da erinnerte ich mich an das erste Mal, als ich Aliou in Poing getroffen hatte. Ich erinnerte mich, wie ich mit ihm von der Turnhalle zum Familienzentrum gegangen bin, um ihm zu zeigen, wo die Deutschkurse stattfanden. Ich glaube, er freute sich, mit jemandem Französisch sprechen und ein bisschen über sein Leben erzählen zu können. Er hatte genug davon, von einem Lager ins nächste verlegt zu werden, ohne sich irgendwo richtig niederlassen zu können Aber er war immer zuversichtlich. Er wollte in Deutschland einen Job finden und Geld verdienen, um es seiner Mutter zu schicken. Jetzt wollte er weiterziehen. Dieselbe Prozedur in Holland beginnen. Die Frage aber ist, wird er jemals die Chance bekommen, sich irgendwo niederzulassen, irgendwo in Europa?

Irgendwann war er dann weg. Die Polizei hat ihn abgeholt. Die Nachricht ist sehr schnell zu mir durchgedrungen. Ein paar Tagen später haben mir unsere Pakistani genau erzählt, was geschehen war.

An jenem Abend war Aliou betrunken und wollte mit Nabel, einem Pakistani, kämpfen. Warum auch immer, Aliou wollte das draußen mit den Fäusten regeln. Nabel ist aber nicht gekommen. Das wiederum hat Aliou nicht gefallen und er ist wieder in die Turnhalle zurückgegangen, hat den Mann angegriffen und aufs Heftigste gewürgt. Jetzt war er also weg, vermutlich im Gefängnis.

Eine traurige Geschichte. Ein Teil von ihm war so nett und lieb, er hat mit meinen Jungs gespielt und meine Kinder haben immer gemeint, er sei Franzose, weil er Französisch mit mir gesprochen hat. Und immer wieder musste ich sie korrigieren: „Er ist aber Senegalese."

VI Frischer Wind

Arbeitssuche – neue Strategien

Mittlerweile verstanden wir besser, was in Poing mit den Asylbewerbern passierte. Im Laufe der Monate hatten wir eine Menge gelernt und Erfahrungen gesammelt. Wir wussten nun, dass in den vier Häusern, in denen die Asylbewerber lebten, die Chancen groß waren, dass die Bewohner bis zum Ende des Asylverfahrens bleiben würden, also eher Jahre als Monate. Die Asylbewerber in der Turnhalle hingegen konnten aufgrund der für eine längere Zeitspanne ungeeigneten Lebensbedingungen dort nicht allzu lange bleiben. Die Turnhalle war nur eine Zwischenlösung. Wir mussten die Situation akzeptieren, Lösungen suchen und dementsprechend Strategien entwickeln. Wir konnten den Asylbewerbern in der Turnhalle nicht auf die gleiche Weise helfen wie denen in den Häusern. Es war eine Tatsache.

Unser wichtigstes Ziel war es jetzt, Jobs für diejenigen zu finden, die länger blieben. Das war ein schwieriges Unterfangen, hauptsächlich aus akutem Zeitmangel. Um bei solchen Tätigkeiten erfolgreich zu sein, brauchte man viel Zeit und Energie. Unternehmen und Institutionen anzurufen, ihnen zu schreiben, sie aufzusuchen, das alles ist zeitintensiv. Und genau diese Zeit und Energie hatten wir nicht. Wir mussten mehr Leute ins Boot holen. Eines Tages kam mir der Gedanke an ein Treffen mit lokalen Unternehmern und dem LRA – um den diversen Firmen zu erklären, dass die Asylbewerber arbeiten durften und wie der Einstellungsprozess genau ablief. Die meisten Asylbewerber hatten ja bereits eine Arbeitserlaubnis, also sollten wir dieses Mittel auch nutzen. Wir wollten auch jene Firmen einladen, die schon zwei unserer Asylbewerber aus Pakistan eingestellt hatten. Sie könnten von ihren Erfahrungen berichten und auf diese Weise einige Bedenken ausräumen. So ein Treffen könnte sehr wirksam sein.

Sobald wir „normale" Jobs für einige Asylbewerber gefunden hätten, könnten wir die 1-Euro-Jobs denen aus der Turnhalle geben. Es wäre nicht so schlimm, wenn sie nach ein paar Monaten wieder gingen. Wir würden sie dann ersetzen. Es war traurig, so zu denken, aber es gab keine andere Möglichkeit. Wir brauchten zwei unterschiedliche Strategien, die zu den zwei verschiedenen Situationen passten, die wir in Poing vorfanden.

Unsere ersten Job-Kandidaten waren die Eritreer aus der Passauer Straße. Seit Monaten waren sie in Poing und kamen regelmäßig zum Deutschkurs. Khalid, mein Ansprechpartner für dieses Haus, und zwei seiner Mitbewohner hatten bereits einen 1-Euro-Job in unterschiedlichen Kitas. Sie waren damit sehr zufrieden. Es war nicht einfach diese Jobs zu bekommen und leider gab es nicht genug für alle. Diese drei hatten Glück. Für die anderen Bewohner der Passauer Straße hieß es wieder einmal: Bitte warten!

Inzwischen war klar, dass die Eritreer eine über 90-prozentige Chance hatten, in Deutschland bleiben zu dürfen. Es war an der Zeit, ihnen wirklich bei der Integration zu helfen und Arbeit war der Schlüssel dazu.

Meine Rückkehr aus dem Urlaub fiel mit dem historischen Flüchtlingsstrom nach Deutschland zusammen. Nur wenige

Wochen später, am berühmten Wochenende des 5. und 6. September 2015, ließ Kanzlerin Angela Merkel 15.000 Migranten ins Land, die in Ungarn und Italien festsaßen. In den Nachrichten berichtete man nur noch von Asylbewerbern. Die Schlagzeilen handelten täglich davon, die Situation der Asylbewerber in Europa wurde Teil der Tagespolitik. Und Deutschland hatte sich entschieden, eine wichtige Rolle dabei zu spielen. Diese Entscheidung hatte natürlich auch Auswirkungen auf die Bevölkerung.

Ich bekam E-Mails von Leuten aus Poing, die mithelfen wollten. In weniger als zehn Tagen erhielt ich Mails von zig Leuten, die uns ihre Unterstützung anboten. Zuerst war ich überrascht. Ich hatte schon vor zwei Jahren viele Anrufe und Mails bekommen, als ich versuchte, eine Gruppe für mein Projekt aufzubauen, aber damals war ich aktiv an das Thema herangegangen.

Dieser Zustrom von Interessenten war eine große Chance für unsere Arbeit. All diese Mails zeigten, dass die Leute sich jetzt beteiligen wollten, dass sie etwas in dieser Welt verändern wollten. Wir konnten jede Art von Hilfe brauchen. Jede Hilfe war gut. Jeder, der sich an der Unterstützung für Asylbewerber beteiligen wollte, war willkommen. Unsere Arbeit wurde auf großartige Weise verstärkt. Ein Schneeballeffekt.

Umso mehr Leute mithalfen, umso mehr positive Erfahrungen und Geschichten konnten in der Gemeinde verbreitet werden. Mehr Menschen konnten unsere Arbeit als Helfer erklären und auch, wie interessant und bereichernd es war mit Menschen aus verschiedenen Kulturen zu arbeiten. All das würde sehr dabei helfen, in der Gemeinde ein positiveres Bild von den Asylbewerbern zu schaffen.

Zur selben Zeit beschlossen der Bürgermeister und der Gemeinderat uns mehr zu unterstützen, indem sie uns bei der

Logistik (Verfügbarkeit von Unterkünften, Fotokopien, Schlüssel, ...) und beim Finden von Sponsoren für zukünftige Veranstaltungen helfen wollten.

Auch auf der Ebene des Landkreises fand ich viel Flexibilität und Offenheit vor, was die Jobsuche für Asylbewerber betraf. Es sah so aus, als wollten sie uns die Arbeit sichtlich erleichtern. Die Anforderungen, um eine Job bekommen zu können, wurden nach unten geschraubt. Voraussetzung war lediglich eine große Motivation und das Sprachniveau der Stufe A1+A2[14]. Dieses Niveau setzten wir uns bei den Deutschkursen zum Ziel. Die Arbeitsagentur unterstützte nicht nur die Suche nach fixen Arbeitsplätzen, sondern auch nach Ausbildungsmöglichkeiten nach nur viermonatiger Aufenthaltszeit.

Ich musste mein Bild korrigieren. Ich hatte gedacht, Deutschland sei noch nicht bereit, so viele Asylbewerber aufzunehmen, aber ich hatte mich getäuscht. Sicherlich hatte das BAMF mit der Bearbeitung der Asylanträge und dem Treffen von Entscheidungen zu kämpfen. Sie benötigten viel mehr Angestellte für diese Aufgaben. Aber gleichzeitig waren die Arbeits- und Ausbildungsagenturen bereit zu agieren und hatten sehr schnell ein funktionierendes System aufgebaut. In unserem Landkreis lag die Arbeitslosigkeit bei etwa 2 Prozent, die Asylbewerber hatten also gute Chancen Arbeit zu finden und die Arbeitsagenturen waren bereit und aufgeschlossen genug, den Neuankömmlingen eine Chance zu geben.

Am Freitag, den 4. September 2015 starteten wir eine Großoffensive in Richtung Jobsuche. Ich traf mich mit einigen neuen Helfern in der Passauer Straße. Die jungen Eritreer be-

---

[14] Nach dem Europäischen Referenzrahmen für Sprachen gliedert sich das Sprachniveau in sechs Stufen von A1 (Anfänger) bis C2 (Experten). A1 +A2 einschließen Grundlagen und alltägliche Situationen.

grüßten uns, wussten aber nicht ganz genau, was denn los sei. Sie waren einfach überrascht so viele neue Helfer zu sehen.

Wir erklärten ihnen unsere Absichten, nämlich, dass Arbeit zu finden höchste Priorität hatte. Dann fragten wir alle nach ihren Arbeitserfahrungen bzw. ihren Wünschen. Es war das erste Mal, dass wir ihnen diese Frage stellten. Es war das erste Mal, dass unsere Asylbewerber ihre Wünsche äußern und laut über ihre Zukunft nachdenken konnten. Es dauerte eine Weile, alle Männer zu befragen, und einige exotische Ansichten galt es zu revidieren.

Der nächste Schritt war Lebensläufe und Motivationsbriefe zu schreiben und darüber hinaus die Vorstellungsgespräche vorzubereiten. Die Dinge kamen ins Rollen. Ich konnte spüren, dass unsere Tätigkeiten sich ausdehnten. Innerhalb der nächsten Wochen vergrößerte sich unsere Gruppe enorm. Tag für Tag wurden Lebensläufe und Bewerbungsschreiben für unsere Asylbewerber verfasst. Jobs zu finden war das große Ziel, eigentlich ein Muss, der nächste Schritt nach vorn. Noch in derselben Woche wurde uns von einem Fotografen-Ehepaar angeboten, kostenlos Passfotos von den Asylbewerbern zu machen. Wunderbar! Wir konnten unsere Lebensläufe jetzt mit professionellen Fotos aufwerten, und noch dazu gratis. Viele der neuen Helfer hatten zudem gute Beziehungen in alle möglichen Richtungen, ein großer Pluspunkt für unsere Arbeitssuche. Alles begann Gestalt anzunehmen. Es war nahezu perfekt ...

Wir fingen auch an Unternehmen direkt zu kontaktieren. Das Feedback, das wir bekamen, war sehr positiv. Sie waren durchaus offen und gewillt, unsere Asylbewerber aufzunehmen, und hatten dabei eine langfristige Vision: Zuerst sollten die Flüchtlinge das Unternehmen kennenlernen, beobachten, wie es funktioniert, erste Arbeitserfahrungen sammeln und das technische Vokabular lernen. Danach sollten sie einen

Ausbildungsplatz bekommen, sich spezialisieren, um letztendlich einen richtigen Job annehmen zu können. Das klang gut. Bald würden unsere Jungs zu Vorstellungsgesprächen gehen mit der Chance auf eine Ausbildung, einen richtigen Beruf. Bald würde sich ihr Leben zum Guten wenden. Alles entwickelte sich nun in die richtige Richtung. Das fühlte sich gut an, nach wahrem Erfolg.

In weniger als einem Monat war vieles geschehen. Zuerst kam das Angebot von einer Installationsfirma. Diese Firma hatte schon im Sommer Interesse an einer Anstellung unserer Asylbewerber gezeigt. Der Leiter der Firma wollte einen Asylbewerber gerne dauerhaft beschäftigen. Er sollte als Helfer anfangen und später zum Installateur ausgebildet werden. Es war kein einfaches Ziel, aber durchaus zu schaffen. Mesfin, der diese Stelle antreten konnte, ist bislang der einzige unserer Asylbewerber, der eine Sechs-Jahres-Arbeitserlaubnis bekommen hat.

Khalid bewarb sich für eine Stelle als Postbote. Er wollte von sich aus Postbote werden. Während des Vorstellungsgesprächs wurde er sogar gefragt, ob er Postbote sein wollte oder ob er einfach nur einen Job brauchte. Diese Frage beantwortete er in seinem besten Deutsch ganz klar: „Carolina hat gefragt: Was willst du arbeiten? Und ich sagte: Postbote.“

Damit hat er gepunktet. Obwohl er nie zuvor als Postbote gearbeitet hatte, keinen Führerschein und nur Basis-Deutschkenntnisse hatte, wurde er vorerst angenommen.

Dann bekamen wir für zehn weitere Asylbewerber Stellenangebote als Lagerarbeiter in einer großen Firma. Die Beschäftigung war vorläufig nur für kurze Zeit vorgesehen, aber mit der Möglichkeit einer späteren Anstellung. Das war ein gutes Zeichnen. Die Bevölkerung, die Unternehmen, viele zeigten Interesse.

Ich musste entscheiden, wer als Lagerarbeiter geeignet war. Es war eine große Verantwortung. Sollte ich die Leute, die schon besser Deutsch konnten, hinschicken oder eher die älteren Männer, die weniger Chancen auf eine Ausbildung hatten? Ich habe mich für die Jungs mit den besten Deutschkenntnissen entschieden. Sie kamen aus Eritrea, Somalia und Syrien. Die Arbeit mit den Lebensläufen hatte sich gelohnt. Wir konnten sie endlich nutzen. Mit den Lehrern machten wir aus, dass sie ab sofort regelmäßig Vorstellungsgespräche übten. Alle zehn unserer Jungs bekamen die Jobs im Lager. Am Anfang nur für ein paar Monate. Doch alle Verträge wurden verlängert.

Während wir noch mit den Vorstellungsprozeduren beschäftigt waren, erreichten uns neue Nachrichten. Der Staat war bereit professionelle Deutschkurse zu übernehmen. Ausländerinnen und Ausländer, die bei Eintritt in die Maßnahme eine Aufenthaltsgestattung bzw. eine Bescheinigung über die Meldung als Asylsuchender (BüMA) besitzen und nicht aus einem sicheren Herkunftsstaat nach § 29a Asylgesetz stammen und bei denen ein rechtmäßiger und dauerhafter Aufenthalt zu erwarten sei, waren die Zielgruppe. Also Menschen aus Syrien, Eritrea, Irak und Iran.

Diese staatliche Maßnahme half uns bei unserer Arbeit. So konnte z. B. Mesfin sofort nach Beginn seiner Anstellung einen professionellen Deutschkurs von 320 Unterrichtsstunden besuchen.

Ganz schnell sahen wir nun die Hälfte unserer Schüler verschwinden. Unsere ehrenamtlichen Kurse wurden leer und viele unserer Lehrer konnten eine verdiente Pause einlegen.

Erfolgreiche Patenschaften

Unsere Arbeit war natürlich nicht zu Ende. Wir hatten ein System geschaffen, um Jobs für die Asylbewerber zu finden, aber unser Schwachpunkt war immer noch die Sprache, wenigstens für all jene, die noch nicht in die professionellen Kurse durften. Wie konnten unsere Asylbewerber Arbeit finden, wenn sie kaum Deutsch sprachen? „Ich heiße Alamin und ich komme aus Eritrea" würde da nicht ausreichen. Wir gaben uns viel Mühe mit unseren Kursen, aber es schien nicht genug zu sein. Ich wollte einen Weg finden, die Asylbewerber intensiver der deutschsprachigen Umwelt auszusetzen. Die Lösung waren Patenschaften. Also fingen wir an, Asylbewerber mit potentiellen Paten zusammenzubringen. Und wieder einmal hatte ich das Gefühl, in unserem Hilfsprozess einen Schritt nach vorn zu machen. Patenschaften waren die beste Möglichkeit die deutsche Kultur und die gesellschaftlichen Regeln hierzulande kennenzulernen und besser zu verstehen. Aber es ging um viel mehr. Patenschaften waren für die Asylsuchenden auch eine Möglichkeit neue Leute kennenzulernen und echte Freunde zu finden, außerhalb der vertrauten Gruppe der eigenen Landsleute. Mein Ziel war es, für jeden Asylbewerber einen Paten zu finden. Die Kombination aus Deutschkursen, Arbeit und Patenschaften war mein ganz persönliches Rezept für eine erfolgreiche Integration.

Das erste Zusammenkommen zwischen Paten und Schützling zu organisieren, war eine spannende Angelegenheit. Ich musste entscheiden, wer mit wem zusammenpassen könnte. Eine Patenschaft bedeutete für jeden eine neue Chance, eine neue Gelegenheiten. Meine Entscheidung konnte durchaus schicksalhaft sein. Die ersten Flüchtlinge, die Paten bekamen, waren die Eritreer aus der Passauer Straße. Sie waren sichtlich nervös. Sie mussten nun ihren sicheren Kokon, die Gruppe der Eritreer, zwischenzeitlich verlassen und sich der neuen Kultur allein stellen. Das war ein großer Schritt für sie alle. Als Libena zum ersten Mal seinen Paten Peter traf, lächelte er um einiges mehr als gewöhnlich. Es war wohl ein nervöses Lächeln. Peter war mit seinen beiden Töchtern gekommen. Sie waren vier und sechs Jahre alt. Er machte seine Sache sehr gut. Er stellte Libena seinen Töchtern vor. Sie waren schüchtern und versteckten sich hinter ihrem Papa. Trotzdem, sie brachten das Eis zum Schmelzen. Ich fand toll, was Peter zu Libena sagte. „Hi, ich bin hier, um dir zu helfen. Wir können uns regelmäßig treffen und wir können Freunde werden." Freunde, das war ein schönes Wort. Ein Schlüsselbegriff, denn das war es, was jeder Asylbewerber wirklich brauchte, einen Freund. Ich war bewegt und gerührt.

Ella kümmerte sich um Sheshy. Auch die Geschichte ihrer Patenschaft war sehr interessant. Als ich aus dem Urlaub zurückkam, war das erste, was Sheshy zu mir sagte: „Hi Carolina, ich brauche ein Rad. Ein Tour-de-France-Rad." Ich dachte mir, dass er sich wohl die Tour de France im Sommer angeschaut hatte und diese Veranstaltung ihn scheinbar inspiriert hatte, Fahrrad zu fahren. Bisher hatte er nie gesprochen. Er war immer eher ein Beobachter. Dieses Mal wirkte er sehr sicher und konzentriert. Er erzählte mir, dass er in Eritrea ein guter Radfahrer und Mitglied in einem Fahrradclub gewesen war. Und jetzt wollte er auch in Deutschland trainieren. Ich war sehr überrascht.

Ella hatte ich erst vor einer Woche kennengelernt. Sie war Journalistin und ich wusste, dass sie gute Beziehungen hatte. Vielleicht konnte sie uns helfen, ein Sportrad für Sheshy zu finden. Sie fand sehr schnell eine Lösung. Ella hatte Jan Ullrich, den berühmten Jan Ullrich, den Radrennfahrer, einmal für ein Interview getroffen und fragte ihn nun spontan, ob er bezüglich des Fahrrads vielleicht helfen konnte. Das machte er. Herr Ullrich hatte eine Menge Fahrräder in seiner Garage und es war ihm ein Vergnügen, eines davon Sheshy zu geben. Ich fand seine Reaktion einfach toll und Sheshy, der schwebte sowieso im siebten Himmel, als er das Fahrrad bekam. Bei dieser Gelegenheit wurde Ella Sheshys Patin.

Ich mochte Sheshy. Er war immer sehr höflich und fragte immer nach meinen Söhnen. Er hatte sie bei einer der Veranstaltungen, die ich organisiert hatte, kennengelernt. Jedes Mal, wenn sie sich trafen, spielten sie zusammen. Er brachte meinen Kleinsten immer zum Lachen und mit meinem Großen spielte er Fußball. Sheshy war sehr sportlich und er nutzte den Sport, um sich zu integrieren. Der Capoeira-Meister aus Poing ermutigte die Asylbewerber, bei ihm mitzumachen. Sheshy zeigte Interesse und wurde sofort in die Gruppe aufgenommen. Er besuchte das Training regelmäßig und wurde schon bald sehr gut darin. Einige Monate später bekam er seinen ersten Gürtel bei einer Batizado-Zeremonie.

Bevor er Ella kennengelernt hatte, blieb Sheshy gern allein. Ich sah ihn nie mit anderen herumhängen. Er lächelte selten, sah oft zu Boden und unternahm nicht viel mit uns. Er kam regelmäßig zum Deutschunterricht und war sehr höflich. Seit er Ella kannte, veränderte sich sein Verhalten, er wurde fröhlicher. Ella zauberte ihm ein für immer bleibendes Lächeln ins Gesicht und darüber hinaus wuchs sein Selbstvertrauen enorm. Schon bald konnte er erfolgreich einer Arbeit nachgehen. Es war wunderbar, eine geglückte Patenschaft zu beobachten. Es war aber nicht selbstverständlich, dass jede Patenschaft funktionieren würde.

Vor Kurzem kam ein älteres Paar in unser Café International zu Besuch. Sie waren Poinger und sie wollten unbedingt einem jungen Afghanen, Mohammad aus der Turnhalle, helfen. Sie hatten ihn am Wochenende am Sportplatz kennengelernt. Dieses Paar gehörte zu jener Generation, die nach dem Zweiten Weltkrieg viele Flüchtlinge gesehen und getroffen hatte. Damals hatten sie selbst kaum genug um zu überleben und konnten den Flüchtenden nicht helfen. Nun war es anders. Sie hatten es geschafft, es fehlte ihnen an nichts. Sie wohnten in einem sicheren Land und hatten es gut. Jetzt war der richtige Zeitpunkt gekommen, um anderen Menschen zu helfen. Sie wollten etwas davon zurückgeben, was das Leben ihnen geschenkt hatte.

Nach ein paar Monaten hatten wir schon 20 feste Patenschaften zu verzeichnen und das Projekt entwickelte sich noch. Studenten der Universität Regensburg unterstützen uns mit einem Universitätsprojekt, um die Bevölkerung noch mehr zu sensibilisieren und weitere Paten an Land zu ziehen. Diese Aktion brachte uns tatsächlich etwa 20 weitere Patenschaften.

In den Nachrichten hörte ich viel Negatives zum Thema Asyl. Zwischenfälle wie brennende Unterkünfte und rassistische Online-Kommentare waren nicht selten. Doch wenn ich mir ansah, was ich selbst bisher an Reaktionen aus der Bevölkerung bekommen hatte, machte mich das zuversichtlich. Viele empfingen die Asylbewerber mit offenen Armen und gaben gerne das, was sie konnten. Ich glaube, dass es unsere zutiefst menschliche Pflicht ist jenen zu helfen, die um Hilfe bitten. Nur dann können wir sagen, dass wir in einer modernen und aufgeschlossenen Gesellschaft leben.

Dankeschön-Party

Die Zeit verging schnell. Unser Projekt lief nun schon fast zwei Jahre. Seit zwei Jahren arbeiteten wir als Helfer zusammen, um Flüchtlinge zu unterstützen. Vieles hatte sich in der Gemeinde bewegt. Nun war es an der Zeit eine Dankeschön-Veranstaltung für die Helfer zu organisieren. Der Bürgermeister hatte sogar einen Sponsor dafür gefunden. Perfekt. Gutes Timing!

Natürlich war es nicht unsere erste Party. Aber diese Party war viel größer als alle anderen, weil wir mittlerweile eine größere Gruppe von Helfern und Asylbewerbern waren. Es war auch unser erstes Fest, zu dem niemand Essen mitbringen musste. Es wurde für uns gekocht!

Ohne Flüchtlinge können Helfer nicht feiern. Deswegen wurden auch die Asylbewerber eingeladen. Der Bürgermeister und seine Frau waren auch dabei. In unserer Helfergruppe gab es einen DJ, der sich um die Musik kümmern wollte.

Die Party begann. Wir saßen in kleineren Gruppen zusammen, genossen das Essen und unterhielten uns. Es war ruhig, obwohl im Hintergrund Musik lief. Nach eine Weile schnappten sich die Araber ein paar Trommeln, die wir immer zur unseren Partys mitbrachten, und fingen an lebhaft zu trommeln. Das war eine Überraschung. Normalerweise trommelten die Schwarzafrikaner auf unseren Festen, nicht die Araber. Dann begannen sie noch laut zu singen, laut und hemmungslos. Die Leute begannen zu klatschen, zu lachen, zu tanzen. Damit wiederum hatten die Araber nicht gerechnet. Sie trommelten noch fröhlicher weiter.

Die Flüchtlinge waren sichtlich zufrieden. Es gab nicht jeden Tag eine Party. Nicht jeden Tag hatten sie die Gelegenheit zu tanzen. Die Helfer waren auch glücklich. Helfer und Flüchtlinge zusammen tanzen zu sehen, das war einfach wunderbar. Diese starke Symbiose zwischen zwei verschiedenen Gruppen mit unterschiedlichen Hintergründen, Hautfarben, Nationalitäten zeigte mir, dass die Party erfolgreich war. Stundenlang hatte jeder Anwesende Spaß. Abschiebungsbefehl, Krieg, Angst vor der Zukunft – all das war heute Abend nicht wichtig. Musik hatte die Macht übernommen und die Probleme und Sorgen auf die Seite geschoben. Heute gab es Frieden in den Herzen. Wir wussten, viele würden nicht in Deutschland bleiben können, und sie selbst wussten es vielleicht auch. Aber in diesem Moment war das egal.

Ein junger Iraker saß neben mir. Er war Journalist, wurde ganze dreimal vom IS bedroht und musste daher sein Land verlassen, um sein Leben zu retten. Als er in Poing angekommen war, war er deprimiert und konnte nicht schlafen. Er sagte auf Englisch zu mir: „Es freut mich zu sehen, dass es Leute in Deutschland gibt, die mit uns feiern möchten." „Natürlich." antwortete ich, „natürlich wollen wir mit euch feiern!" Er fuhr fort: „Ich habe immer Angst, dass die Leute hier mich nicht mögen und mir weh tun." Ich erwiderte: „Dann bleib bei dieser Gruppe und nimm unsere Angebote wahr. Es gibt dir die Gelegenheit, dich mit guten Leuten zu vernetzen." Er nickte.

Diese Partys, die ich für die Flüchtlinge und Helfer während der letzten beiden Jahre organisiert hatte, werden für immer in meinem Gedächtnis bleiben. Ich hoffe, dass sich auch die Asylbewerber lange daran erinnern. Vielleicht haben wir keine gemeinsame Zukunft, aber ein Stück des Weges haben wir zusammen geschafft.

Wir denken immer, dass wir als Helfer unseren Flüchtlingen so wahnsinnig viel beibringen. Nach dieser Party war mir wieder einmal klar, wie viel auch wir von den Flüchtlingen gelernt haben. Nicht nur über ihre Kultur, das Essen, die Traditionen und die Geschichte, sondern auch, wie sie das Leben sehen. Sie leben im Augenblick, etwas, das für mich nahezu unmöglich ist. Während in Europa fast jeder nicht nur in der Arbeit, sondern auch im persönlichen Bereich von Stress beherrscht wird, haben die Flüchtlinge eine ganze andere Vorstellung vom Leben. Sie kennen Stress nicht. In der Dritten

Welt, wo Armut, Hunger oder Krieg den Alltag beherrschen, ist Zeit nicht Geld. Die Leute haben kein Geld, aber sie haben Zeit. Zeit ist das, was jeder hat. Die Flüchtlinge lernen Stress im mitteleuropäischen Sinn erst kennen, wenn sie das Mittelmeer überquert haben. Es ist das Erste, das sie in Europa kennenlernen. In den ersten Wochen, nachdem unsere Flüchtlinge in Poing angekommen sind, erklären wir ihnen immer, was Pünktlichkeit bedeutet. Es ist etwas sehr Schwieriges und nahezu Unbegreifliches für die Neuankömmlinge. Wie oft haben wir auf unsere Asylbewerber gewartet...

Mein ganzes Leben habe ich mir Druck gemacht, um pünktlich zu sein. Ich habe mich an Deadlines gehalten, um etwas zu schaffen. Nur in wenigen Situationen fühle ich mich stressfrei, beim Salsa tanzen etwa oder in der Badewanne. Ohne Stress zu leben, das ist etwas, das ich von den Flüchtlingen gelernt habe. Ob ich es beherrsche? Noch nicht.

Am Ziel

3. Oktober 2015, Tag der Deutschen Einheit, es ist so weit. Meine Familie und ich verlassen das Haus. Wir fahren nach Anzing. Heute findet dort der bereits traditionelle Forstlauf statt. Es ist eine Laufveranstaltung mit mehr als 1000 Teilnehmern. Mein Mann wird zehn Kilometer laufen, meine Kinder immerhin 700 Meter und ich fünf Kilometer. Meine Kinder sind ein bisschen aufgeregt. Sie haben noch nie an einem Lauf teilgenommen. Sie haben auch nicht trainiert und wissen nicht ganz genau, was sie erwartet. Am meisten aufgeregt bin jedoch ich. Ich habe meine Familie auf diesen Event eingeladen, weil eine Gruppe von Asylbewerbern aus Poing am Rennen teilnehmen wird, ich werde mit ihnen laufen. Das Ganze war eine Idee vom LRA, sie haben vorgeschlagen, die Flücht-

linge aus dem Landkreis zu dieser Laufveranstaltung anzumelden. Es hatten sich auch Sponsoren gefunden, welche die Anmeldegebühren für die Flüchtlinge übernehmen wollten. Fast ein Drittel der Asylbewerber aus Poing hatte zugesagt.

Es gab zwei Gruppen von Flüchtlingen und Helfern: Die erste Gruppe wollte die zehn Kilometer laufen, während sich die zweite die fünf Kilometer vorgenommen hatte. Die Vorbereitungen für dieses Rennen waren ein bisschen chaotisch gewesen und es hatte lange gedauert, bis die Liste der Läufer komplett war. Bis zum letzten Tag meldeten sich immer wieder Flüchtlingen, die noch mitlaufen wollten. Irgendwann musste ich die Liste dann abgeben. Zum Glück waren die Veranstalter sehr flexibel und haben noch eine Stunde vor dem Start Nennungen angenommen.

Um viertel vor neun bin ich mit meiner Familie bereits da.

Es ist ein bisschen früh, aber es ist schon viel los. Die Helfer und die Flüchtlinge werden in einer halben Stunde da sein. Genug Zeit, um die Nummern und Laufshirts für jeden abzuholen. Ich bin ein bisschen aufgeregt und stelle mir zu viele Fragen: Werden sie pünktlich kommen, werden sie alle erscheinen, werden sie alle ihre Laufschuhen haben? Ich brauche nicht mehr darüber nachzudenken, jetzt kann ich sowieso nichts mehr tun. Ich durchsuche den Stapel mit den 82 Startnummern der LRA-Gruppe und suche die Namen meiner Asylbewerber. In weniger als einer Minute finde ich alle Namen meiner Gruppe. Diese kleine Übung zeigt mir, wie gut ich die Namen fast aller meiner Flüchtlinge kenne, jeder Name ist in meinem Gehirn tief verankert. Die Namen klingen nicht wie Maier, Huber, Smith, Johns, oder Laporte und Leroy. Es sind arabische, eritreische, afrikanische Namen. Der Mann, der verantwortlich für diesen Stapel von Nummern ist, scheint auch überrascht zu sein. Er sieht mich an und fragt:

„Wow, bist du schon fertig? Wie hast du das gemacht?" „Sie sind wie meine Babys", antworte ich lachend.

Kurze Zeit später kommen unsere Leute an. Ich lächle und kann mich ein bisschen entspannen. Sie sind gekommen. Ich gebe jedem seine Nummer und ein Laufshirt. Alle scheinen zufrieden und vollkommen relaxed zu sein. Nur ich bin noch immer aufgeregt, positiv aufgeregt. Adrenalin schießt durch meinen Körper. Ich organisiere gern Events. Es ist mir immer eine Freude Leute zusammenzubringen, um etwas gemeinsam zu unternehmen oder zu feiern. Hautfarbe, Staatsangehörigkeit und Religion haben in solchen Momenten keine Bedeutung. Was zählt, ist diese Einheit. Heute lautet das gemeinsame Ziel: Laufen. Der beste Läufer gewinnt und wir werden alle stolz auf ihn sein. Jeder wird sein Bestes geben. Wir alle werden gewinnen, der schnellste Läufer außerdem noch dieses Rennen.

Ich sehe Lea. Sie hat die Käppis gebracht. Unsere Käppis. Ich wollte, dass unsere Gruppe auffällt, alle sollten die Käppis tragen. Beate, die so viele Leute kennt und Kontakte hat, hat in drei Tagen genügend Käppis für alle zusammengerafft. Darauf haben wir unser Lauf-Logo geklebt, eine Botschaft aus Worten und zurechtgeschnittenem Stoff: Wir ♥ Poing! Mit diesem Text wollen wir sagen: „Wir fühlen uns wohl im Poing. Bitte geben Sie uns eine Chance.'"

Als wir zum Sportplatz gehen, sehe ich Asylbewerber, die früher mal bei uns gewesen sind. Auch sie erkennen mich und lächeln sofort. Ich treffe einen Eritreer, dessen Name ich vergessen habe, gebe ihm die Hand und frage ihn, wie es ihm geht und wo er jetzt wohnt. Er antwortet: „Poing ist besser. Bitte frag nach einem Transfer, wieder nach Poing!" Wir schauen uns an, immer noch lächelnd. Ich nicke, aber wir beide wissen, dass es nicht möglich ist. Erinnerungen werden wach an einen Tag, als ich ihn und seinen Freund Bhata vor dem Supermarkt traf. Ich wollte ein bisschen mehr über sie wissen und die beiden wollten gerne mit jemandem sprechen. Ich erinnerte mich an diese Unterhaltung, als hätte sie erst gestern stattgefunden. Das Gespräch dauerte nur eine halbe Stunde, aber es brachte uns in eine andere Dimension, dahin, wo man zusammen träumen und neue Ideen entwickeln kann. Es war ein ganz besonderer Moment, ein unschätzbarer Augenblick. Diese Momente sind der Grund, warum ich gerne mit Menschen arbeite.

Jetzt ist es so weit, zehn Uhr. Die erste Gruppe bereitet sich jetzt auf den 10-Kilometer-Lauf vor. Wir, die anderen, setzen uns neben den Weg und kümmern uns um die Taschen, Brillen und Jacken. Ich hoffe sehr, dass einer aus unserer Gruppe eine gute Zeit schaffen wird. Ich weiß nicht, ob und wer gut im Laufen ist und ob es überhaupt möglich ist, eine gute Zeit zu schaffen. Die Vorbereitung war nicht optimal verlaufen und noch heute Morgen wusste ich nicht genau, ob alle Sportschuhe hatten.

Auf die Plätze, fertig, los und der Startschuss fällt. Alle fangen an zu laufen. Mein Herz schlägt schnell. Wir alle jubeln, auch meine Kinder. Es ist ein starker Augenblick. Die Asylbewerber liegen vorn. Sie sprinten den anderen davon. Warum laufen sie so schnell? Sie haben zehn Kilometer vor sich. Das ist nicht unbedingt gut. Sie sind nicht daran gewöhnt. Für unsere Jungs aus Poing ist das der erste Lauf, der erste sportliche Wettbewerb, an dem sie teilnehmen. Sie sind stolz mitmachen zu dürfen. Ich bin auch stolz auf jeden einzelnen von ihnen. Und auf meine Kinder und meinen Mann. Sogar auf mich, auch ich werde laufen. Sport schafft Einheit. Sport bringt die Leute näher zusammen. Sport ist ein Magnet.

Wir haben jetzt Zeit uns zu setzen und ein bisschen zu quatschen. Wir genießen die Sonne. Es ist noch warm für den 3. Oktober.

An meiner Arbeit mit den Asylbewerbern schätzte ich vor allem das Lächeln, das mir geschenkt wird, wann immer ich einen der Jungs im Ort oder bei meinen Besuchen treffe. Es ist immer ein echtes Lächeln, eines, das wirklich von Herzen kommt. Ein Lächeln, das mehr sagt als tausend Worte. Ihre „urtümliche" Art der Verständigung bereitet mir ebenfalls unglaublich viel Spaß. Ich bin gerne ein Teil davon. Ich finde es sehr interessant, wie Leute versuchen, zueinander zu finden, sich gegenseitig zu verstehen, sich miteinander zu verständigen, mit und ohne Sprache. Es ist oft nicht gerade leicht und sehr zeitaufwendig. Aber Zeit ist das, wovon sie am meisten haben. Zeit ist für sie kein Thema. Manchmal existiert Zeit einfach nicht mehr. Nur Geduld, Offenheit und Kreativität sind von Bedeutung. Und bewirken Wunder. Wenn man es endlich geschafft hat seine Botschaft zu vermitteln, ist es faszinierend zu beobachten, wie jeder, der an der Kommunikation beteiligt war, plötzlich zufrieden und entspannt ist. Es ist, als hätte man ein Ziel erreicht, ein Rennen gewonnen oder zumindest eine Etappe geschafft.

Die Durchsage macht uns darauf aufmerksam, dass die ersten bald eintreffen werden. Mit 32 Minuten und 20 Sekunden, der Sieger. Der Fünfte im Ziel ist der erste Asylbewerber. Dann kommt an 21. Stelle Idiris, unser erster Asylbewerber aus Poing, mit 38 Minuten. Sheshy ist mit 44 Minuten auf Platz 83. Idiris ist enttäuscht. Er sagt, die Schuhe waren nicht gut. Er ist oft gerutscht. Nächstes Mal kriegt er bessere Schuhe, denke ich mir. Vielleicht sollte ich ihn zur Leichtathletik anmelden. So viele Ideen rauschen mir durch den Kopf.

Alle kommen nach und nach ins Ziel. Alban wollte ein paar Tage vorher absagen, aber als ich ihm am Morgen seine

Startnummer gegeben habe, hat er einfach mitgemacht. Nun sehe ich ihn nur ein paar hundert Meter vor dem Ziel, total müde. Ich laufe so schnell ich kann zu ihm und laufe die letzten Meter an seiner Seite. Auch er schafft es.

Die zweite Runde startet. Ich bin dran. Laufen ist nicht gerade meine Stärke, aber ich will so gerne gemeinsam mit "meinen" Helfern und Asylbewerbern etwas tun. Es gibt mir das Gefühl, dass wir zusammengehören.

Bin ich bereit? Nicht wirklich. Die laute Musik erweckt in mir eher Lust zu tanzen als zu laufen. Tanzen wäre mir lieber. Der Lauf beginnt. Ich laufe im Takt der Musik. Dann laufen wir an der Trommelgruppe vorbei. Sie trommeln für uns. Sie feuern uns an. Ich versuche in ihrem Rhythmus zu laufen. Der Wald heißt mich jetzt willkommen. Es ist kühler da. Schön. Ab dem dritten Kilometer überlege ich mir, warum ich eigentlich laufen wollte. Ich verringere das Tempo ein wenig und versuche meine Atmung zu regulieren. Dann sehe ich Karim. Er steht am Rand des Weges. Er ist verletzt. Am Tag davor hat es ist ihn beim Fußballspielen erwischt. Ich kann jetzt nicht stoppen, ich muss weiter. Das ist die Herausforderung. Ein Freund steht bei Karim. Plötzlich überholen die beiden mich. Als Karim auf meiner Höhe ist, empfehle ich ihm vorsichtig zu sein: „Pass auf dein Knie auf!" Er antwortet mit einem Ja und läuft weiter. Beim letzten Kilometer sehe ich ihn wieder. Er ist stehengeblieben und es scheint, als ob er auf mich warten würde. „Bist du müde?", fragt er mich. Mein Kopf ist knallrot. Ich will lachen, aber nicht einmal das schaffe ich. Ich muss mich konzentrieren und weiterlaufen. Ja, klar bin ich müde und kaputt, ich will, dass der Lauf ein Ende nimmt. Und er, er ist verletzt. Dann laufen wir den letzten Kilometer nebeneinander her, ohne zu sprechen. Ich konzentriere mich weiter auf mein Rennen, einen Schritt nach dem anderen, und ich denke mir, dass Karim enttäuscht sein muss.

Er konnte heute nicht sein Bestes geben. Leider. Für mich ist es aber schön mit ihm zusammen zu laufen. Ich fühle mich nicht allein.

Als wir fast am Ziel sind, greife ich nach seiner Hand und sage: „Jetzt machen wir es zusammen!" Sobald ich seine Hand festhalte, beschleunigt er und ich habe das Gefühl zum Ziel zu fliegen. Was für ein Augenblick, ein Gefühl von Freiheit, Einheit und Freude. Großartig! Wir haben es gemeinsam gemeistert! Die anderen warten auf uns und feuern uns an. Ja, wir haben es alle zusammen geschafft. Dieses Bild wird sehr lange in meinem Kopf bleiben. Ich werde es nie vergessen. Es ist die Zusammenfassung meiner Arbeit, unserer Arbeit, als Helfer in Poing. Ja, zusammen können wir alles schaffen.

Epilog

In zwei Jahren haben wir in Poing mehr als 400 Asylbewerber kennengelernt. Manche sind kurz in Poing geblieben, manche länger. Manche sind noch immer da.

Familie Khaled ist mit ihren Kindern nach Mittelteich gezogen, sie leben nach wie vor dort. Sie haben sich dort gut eingelebt. Der älteste Sohn, Abdel, kann jetzt sehr gut Deutsch, er ist der Dolmetscher für den Helferkreis in Mittelteich. Darauf ist er sehr stolz. Aziz arbeitet noch nicht und ich vermute, dass sein Haus in Jerusalem noch nicht verkauft werden konnte. Die Bevölkerung von Mittelteich hat die Familie herzlich aufgenommen. Selbst eine ehemals kritische Nachbarin hat später erzählt: „Ich muss zugeben, es ist so ziemlich das Beste, das unserem Dorf passieren konnte...“

Nahom wurde nach Grafing verlegt. Sieben Monate später kam er uns in Poing besuchen. Er erzählte uns, dass es ihm gut ging. Wir konnten uns immer noch nicht richtig unterhalten. Er sprach nach wie vor schlecht Deutsch, aber er freute sich offenbar uns zu sehen. Er fragte nach den alten Lehrern, denn von den Lehrern, die nun unterrichteten, kannte er nur einen einzigen. Alle anderen waren neu. Ob er in Grafing glücklich war? Er sei es, sagte er, aber er vermisse Poing. Ich vermute, dass er die Beziehungen vermisste, die wir alle zueinander aufgebaut hatten.

Mariam und ihre Tochter wurden nach München verlegt.

Die vier Pakistani sind noch immer in Poing und warten seit mehr als zwei Jahren auf das Ergebnis ihres Asylverfahrens. Die Nigerianer, Senegalesen, Somalier, die Flüchtlinge aus Mali, Sierra-Leone und Tansania warten auch noch auf eine Antwort.

Alban, unser Kongolese, fand nach seiner Beschäftigung im Wertstoffhof in einem Hotel in München eine unbefristete Anstellung. Der 1-Euro-Job hat ihm sehr geholfen sich in der deutschen Arbeitswelt zurechtzufinden. Ein halbes Jahr später verlor er aufgrund eines Glaukoms sein rechtes Augenlicht. Er wurde auf diesem Auge vollkommen blind. Das andere Auge konnte gerettet werden.

Alle 10 Asylbewerber, die Ende 2015 in einer großen Firma als Lagerarbeiter angestellt worden sind, arbeiten nach wie vor dort. Alle haben einen Dreijahresvertrag bekommen.

Vier unserer Asylbewerber wurden in ein Universitätsprogramm der LMU München aufgenommen, um ihre Studien weiterführen zu können. Weitere warten bereits auf die nächsten Anmeldetermine.

Fast alle Eritreer und Syrer, die in Poing Halt gemacht hatten, wurden anerkannt.

Die Syrer aus der Berliner Straße mussten im April 2016 das Haus verlassen und in die Turnhalle umziehen. Die Gemeinde braucht das Gebäude für Obdachlose. Da sie bereits anerkannt sind, stehen sie vor der schwierigen Aufgabe eine Wohnung zu finden. Wie mühsam das auch für anerkannte Flüchtlinge ist, wurde im Buch ja bereits ausführlich geschildert.

Die Gäste aus der Turnhalle wurden nach und nach im ganzen Landkreis Ebersberg verteilt. Mit der Zeit verlor ich den Kontakt zu ihnen.

Vor Kurzem wurde eine neue Turnhalle als Asylunterkunft in Poing eröffnet. Sie bietet weiteren 300 Flüchtlingen Platz. Unsere Organisation musste erneut umstrukturiert werden. Wie lange unsere Gäste in Poing bleiben werden, ist nach wie vor unklar.

Karten

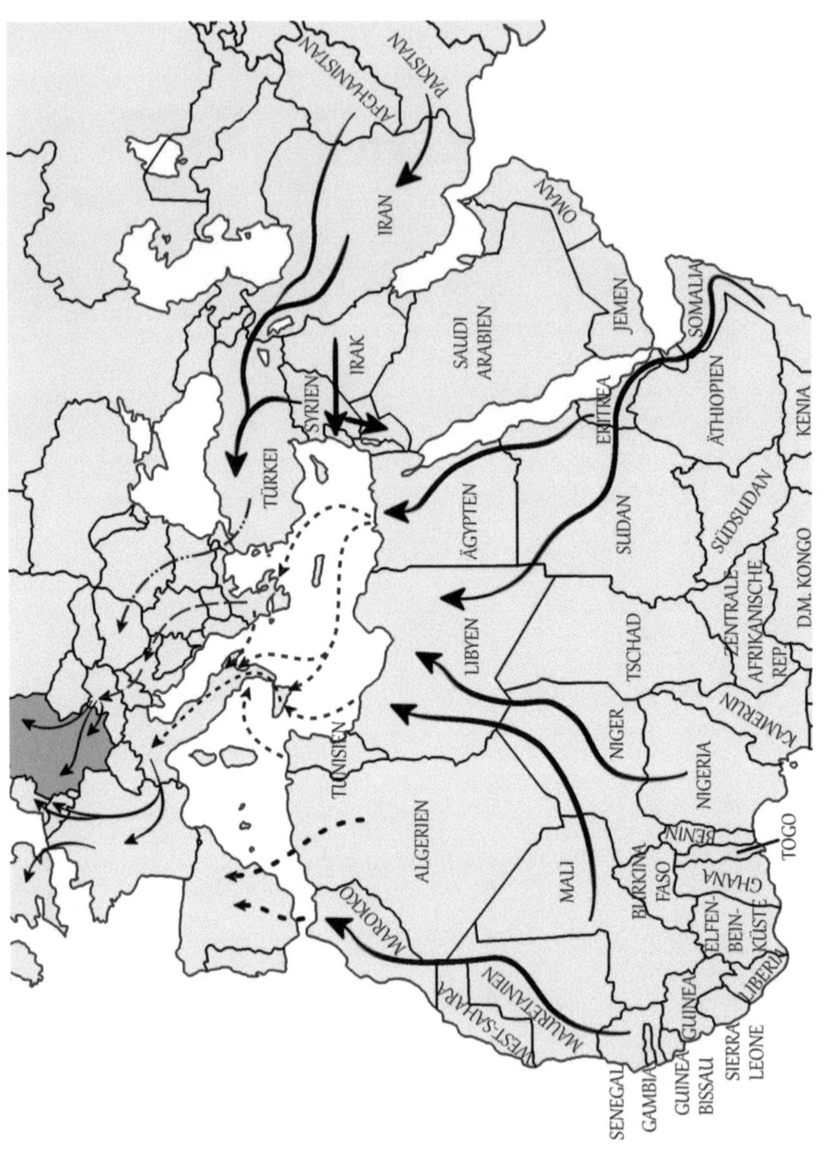

Karte 1: Migrationsrouten – Übersicht

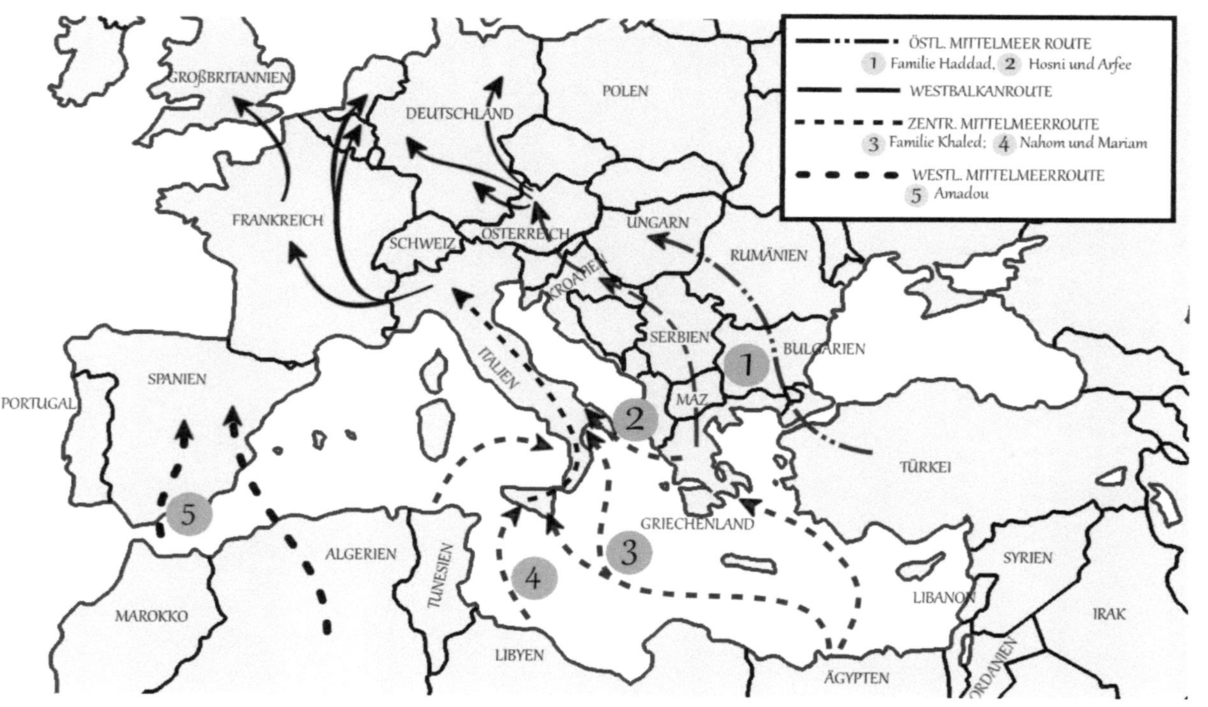

Karte 2: Migrationsrouten nach und durch Europa

Ablauf des deutschen Asylverfahrens

Quelle: Bundesamt für Migration und Flüchtlinge, Stand: 31.12.2015

Der Ablauf des deutschen Asylverfahrens[1]

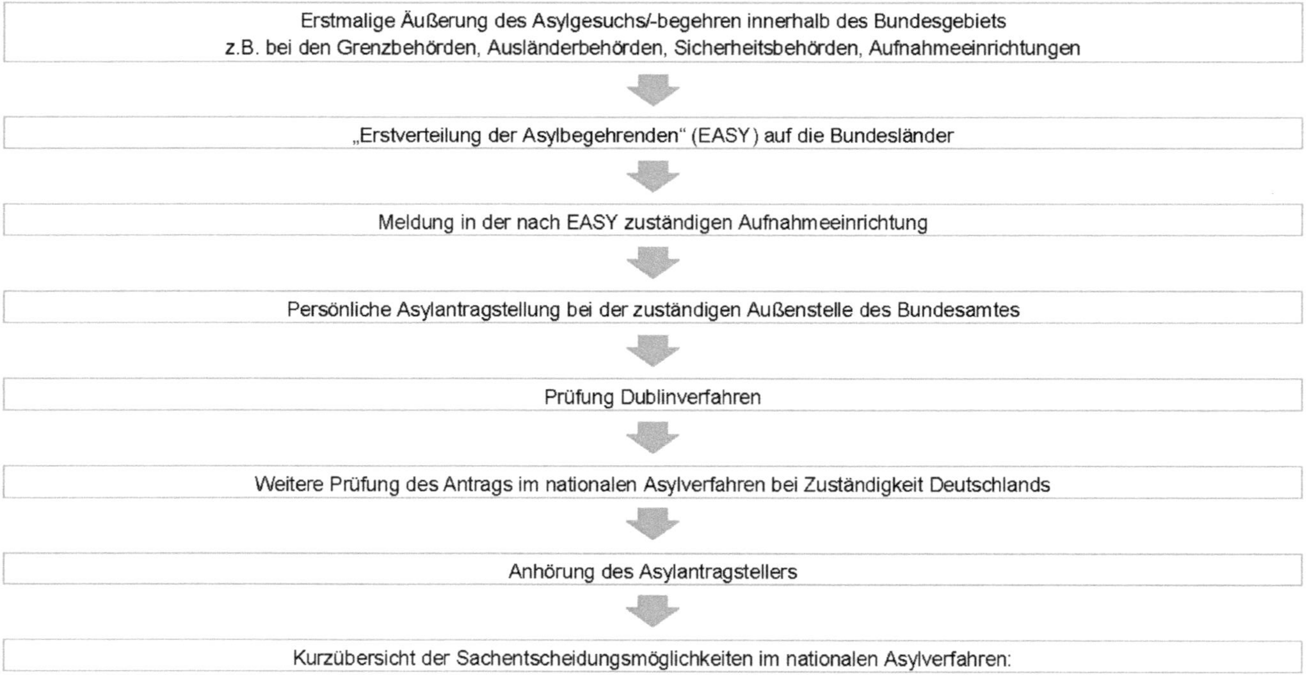

Erstmalige Äußerung des Asylgesuchs/-begehren innerhalb des Bundesgebiets
z.B. bei den Grenzbehörden, Ausländerbehörden, Sicherheitsbehörden, Aufnahmeeinrichtungen

„Erstverteilung der Asylbegehrenden" (EASY) auf die Bundesländer

Meldung in der nach EASY zuständigen Aufnahmeeinrichtung

Persönliche Asylantragstellung bei der zuständigen Außenstelle des Bundesamtes

Prüfung Dublinverfahren

Weitere Prüfung des Antrags im nationalen Asylverfahren bei Zuständigkeit Deutschlands

Anhörung des Asylantragstellers

Kurzübersicht der Sachentscheidungsmöglichkeiten im nationalen Asylverfahren:

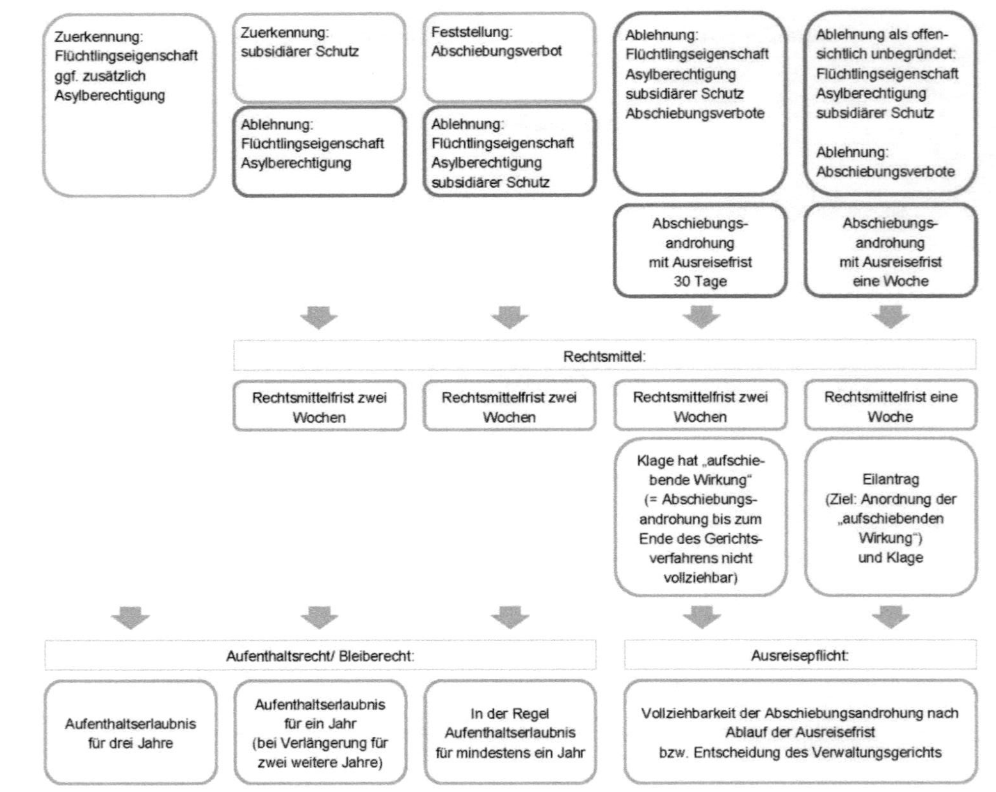

Zuerkennung:
Flüchtlingseigenschaft
ggf. zusätzlich
Asylberechtigung

Zuerkennung:
subsidiärer Schutz

Ablehnung:
Flüchtlingseigenschaft
Asylberechtigung

Feststellung:
Abschiebungsverbot

Ablehnung:
Flüchtlingseigenschaft
Asylberechtigung
subsidiärer Schutz

Ablehnung:
Flüchtlingseigenschaft
Asylberechtigung
subsidiärer Schutz
Abschiebungsverbote

Ablehnung als offen-
sichtlich unbegründet:
Flüchtlingseigenschaft
Asylberechtigung
subsidiärer Schutz

Ablehnung:
Abschiebungsverbote

Abschiebungs-
androhung
mit Ausreisefrist
30 Tage

Abschiebungs-
androhung
mit Ausreisefrist
eine Woche

Rechtsmittel:

Rechtsmittelfrist zwei
Wochen

Rechtsmittelfrist zwei
Wochen

Rechtsmittelfrist zwei
Wochen

Rechtsmittelfrist eine
Woche

Klage hat „aufschie-
bende Wirkung"
(= Abschiebungs-
androhung bis zum
Ende des Gerichts-
verfahrens nicht
vollziehbar)

Eilantrag
(Ziel: Anordnung der
„aufschiebenden
Wirkung")
und Klage

Aufenthaltsrecht/ Bleiberecht:

Ausreisepflicht:

Aufenthaltserlaubnis
für drei Jahre

Aufenthaltserlaubnis
für ein Jahr
(bei Verlängerung für
zwei weitere Jahre)

In der Regel
Aufenthaltserlaubnis
für mindestens ein Jahr

Vollziehbarkeit der Abschiebungsandrohung nach
Ablauf der Ausreisefrist
bzw. Entscheidung des Verwaltungsgerichts

Länderfakten

Quellen: Wikipedia, CIA Website, Augsburger Allgemeine Zeitung

Eritrea

Republik, unabhängig seit
1993
Region: Ost-Afrika
Fläche: 117.600 km²
Hauptstadt: Asmara

Das Land existiert im Augenblick vollkommen abschottet
von der restlichen Welt. Ausländische Journalisten oder
politische Beobachter werden nicht hineingelassen. Auf der
Rangliste der Pressefreiheit von 'Reporter ohne Grenzen' belegt Eritrea seit Jahren den letzten Platz, noch nach Nordkorea. Selbst der Diktator Isayas Afewerki, der seit 1991, also
nach dem drei Jahrzehnte dauernden Unabhängigkeitskrieg
von Äthiopien, an der Macht ist, ist vergleichsweise unbekannt.

Die Eritreer bilden die zweitgrößte Gruppe von Flüchtlingen in Europa. 360 000 Eritreer befanden sich letztes Jahr außer Landes, und das bei einer Bevölkerung von gerade mal 5
Millionen Menschen. Die Menschenrechtslage im Land ist äußerst prekär. Der Diktator hat ein repressives System aufgebaut, in dem Menschen willkürlich festgenommen, inhaftiert,
gefoltert und getötet werden oder verschwinden. Viele werden UN-Berichten zufolge jahrelang inhaftiert, ohne zu
wissen, was ihnen vorgeworfen wird. Foltermethoden wie
Elektroschocks, Beinahe-Ertrinken und sexuelle Misshandlung stehen auf der Tagesordnung. Beklagt wird ebenfalls das
System des unbegrenzten Wehrdienstes, in dem Menschen
wie Sklaven zum Militärdienst gezwungen werden. Der
Wehrdienst beginnt für Jugendliche im letzten Schuljahr und
ist nach Angaben des eritreischen Außenministeriums gesetzlich auf 18 Monate beschränkt. Die Regierung rechtfertigt den

letztlich unbegrenzten Wehrdienst jedoch mit der angeblichen
Bedrohung durch den Nachbar Äthiopien.

Kongo, Demokratische Republik

Republik, unabhängig seit 1960

Region: Zentral-Afrika

Fläche: 2.344.858 km²

Hauptstadt: Kinshasa

Die heutige Republik Kongo wurde im Jahr 1908 als belgische Kolonie gegründet. Im Jahr 1960 proklamierte das Land seine Unabhängigkeit. Nach mehrjährigen innenpolitischen Konflikten wurde der Kongo 32 Jahre lang von Mobutu Sese Seko diktatorisch regiert. 1997 wurde Mobutu von den Rebellen unter Laurent-Désiré Kabila gestürzt. Das Land wurde in die „Demokratische Republik Kongo" umbenannt. Im Jahr 1998 wurde sein Regime von Rebellen mit Unterstützung von Ruanda und Uganda unter Druck gesetzt. Truppen aus Angola, Tschad, Namibia, Sudan und Simbabwe griffen ein, um Kabila zu unterstützen. Im Januar 2001 wurde Kabila ermordet und sein Sohn, Joseph Kabila, zum neuen Staatschef. 2002 wurde ein Friedensabkommen unterzeichnet. 2006 wurden erstmals seit 1965 freie Wahlen durchgeführt. Seit 2009 gibt es im Osten der DR Kongo erneut Konflikte mit verschiedenen Rebellengruppen, was zu großen Bevölkerungsverschiebungen und erhebliche Menschenrechtsverletzungen führte. Im November 2011 fanden nationale Wahlen statt. Das umstrittene Ergebnis erlaubte Joseph Kabila zum Präsidenten wiedergewählt zu werden. Die nächsten Präsidentschaftswahlen sind für 2016 vorgesehen.

Trotz seines Rohstoffreichtums zählt die Demokratische Republik Kongo, bedingt durch jahrzehntelange Ausbeutung,

Korruption, jahrelange Kriege und permanente Zunahme der Bevölkerung, heute zu den ärmsten Ländern der Welt.

Mali

Republik, unabhängig seit
1960
Region: West-Afrika
Fläche: 1.240.192 km²
Hauptstadt: Bamako
Einwohner: 16.956.000

Im goldenen Zeitalter Malis blühten islamische Gelehrsamkeit, Mathematik, Astronomie, Literatur und Kunst. Im späten 19. Jahrhundert wurde Mali Teil der Kolonie Französisch-Sudan.

Die sudanesische Republik und der Senegal wurden im Jahr 1960 als die s.g. Mali-Föderation unabhängig von Frankreich. Schon wenig später zerbrach diese Föderation, das Land erklärte sich unter seinem heutigen Namen unabhängig. Nach jahrelanger Einparteienherrschaft führte ein Militärputsch im Jahr 1991 zu einer neuen Verfassung und zur Etablierung eines demokratischen Mehrparteienstaates. Im Januar 2012 eskalierte der bewaffnete Konflikt im Norden Malis erneut. Im Zuge dessen proklamierten die Tuareg-Rebellen die Abspaltung des Staates Azawad. Der Konflikt wurde durch einen Putsch im März 2012 und weitere Kämpfe zwischen Islamisten und den Tuareg noch verkompliziert. Hunderttausende Menschen aus dem Norden flohen vor der Gewalt in den Süden des Landes bzw. in die Nachbarländer. Es kam zu einer Verschärfung der bereits vorhandenen regionalen Nahrungsmittelknappheit in den Aufnahmeländern. Eine internationale militärische Intervention begann im Januar 2013. Innerhalb eines Monats wurde der Großteil des Nordens zurückerobert. Im Juli bzw. August 2013 wurden demokratische Präsidentschaftswahlen durchgeführt, Ibrahim Boubacar Keita gewann diese Wahlen. Im Juni 2015 unterzeichneten die malische

Regierung und die bewaffneten Gruppen aus dem Norden ein international vermitteltes Friedensabkommen.

Nigeria

Präsidiale Bundesrepublik,
unabhängig seit 1960
Region: West-Afrika
Fläche: 923.768 km²
Hauptstadt: Abuja

Nigeria ist ein Bundesstaat in Westafrika, der an Benin, Niger, Tschad und Kamerun grenzt. Von 1861 bis 1960 war Nigeria eine britische Kolonie. Eine Reihe von Verfassungen gewährte Nigeria nach dem Zweiten Weltkrieg größere Autonomie. Nach der Unabhängigkeit im Jahre 1960 wurde die Politik des Landes von vielen, meist erfolgreichen Putschversuchen und Militärherrschaften geprägt. Der Tod von Sani Abacha im Jahr 1998 erlaubte einen politischen Übergang. Im Jahr 1999 wurde eine neue Verfassung angenommen und ein friedlicher Übergang zu einer Zivilregierung vorbereitet. Obwohl die Präsidentschaftswahlen 2003 und 2007 durch erhebliche Unregelmäßigkeiten und Gewalt getrübt wurden, erlebt Nigeria derzeit die längste Periode einer Zivilregierung seit der Unabhängigkeit. Die Wahl vom April 2007 stellt die erste zivile Machtübergabe in der Geschichte des Landes dar. Die Wahlen des Jahres 2011 wurden im Allgemeinen als glaubwürdig angesehen.

2015 musste die People's Democratic Party (PDP), die 16 Jahre lang an der Macht war, die Regierungsgeschäfte der All Progressives Congress (APC) übergeben.

Pakistan

Republik, unabhängig seit
1947
Region: Süd-Asien
Fläche: 796.095 km²
Hauptstadt: Islamabad

Pakistan war im 19. Jahrhundert noch eine britische Kolonie. Seine Unabhängigkeit von Indien erklärte das Land erst im Jahr 1947. Viele indische Muslime betrachteten es als ihre neue Heimat, die Abspaltung von Indien führte zu einer unvorstellbaren Verschiebung der Bevölkerungsgruppen. Fast 3,5 Millionen Hindus und Sikhs zogen von Pakistan nach Indien, über 5 Millionen Muslime wanderten von Indien nach Pakistan aus. Seit der Trennung war vor allem der umkämpfte Norden rund um Kashmir der Brennpunkt für zwei von insgesamt drei Kriegen zwischen Indien und Pakistan, zwischen 1947 und 1968, und der Konflikt ist leider immer wieder aktuell.

Die Politik des Landes war in den letzten Jahrzehnten immer wieder von Korruption, Unwirtschaftlichkeit und Streitereien mit verschiedenen Institutionen geprägt. Weder unterschiedliche zivile Regierungen noch Militärgewalt konnten Stabilität im Land erzeugen. Die Demokratie in Pakistan blieb immer schwach. Auch wirtschaftlich kam das Land nicht auf die Beine. Die schwierige Sicherheitslage und die niedrigen Investments brachten die Wirtschaft nicht nach vorn, trotz robuster privater Beteiligungen. Nach den Anschlägen vom 11. September 2001 musste Pakistan seine Unterstützung für das Taliban-Regime im Afghanistan einstellen und fand sich plötzlich in erster Reihe im Kampf gegen den Terrorismus wieder, als besorgter Verbündeter der USA. Pakistanische Streitmächte kämpften erbittert darum, die Kontrolle über die

eigenen Regionen entlang der afghanischen Grenze zurückzuerhalten. Das Verhältnis zu den USA verschlechterte sich im
April 2011, nach der Ermordung von Osama Bin Laden, drastisch. Die Amerikaner hatten den Chef von Al-Qaida in Abbottabad, einer Stadt nur 50 Kilometer nördlich von Islamabad, gefunden. Pakistan hatte aber sowohl Amerika als auch
Afghanistan gegenüber immer wieder Behauptungen zurückgewiesen, es würde führenden Taliban-Mitgliedern Unterschlupf gewähren.

Senegal

Republik, unabhängig seit
1960
Region: West-Afrika
Fläche: 196.722 km²
Hauptstadt: Dakar

Senegal liegt in Westafrika. Der südliche Landesteil des französischsprachigen Senegals, die Casamance, wird durch den tief in den Osten reichenden, ehemals englisch- und nun arabischsprachigen Kleinstaat Gambia vom Rest des Landes abgetrennt.

Das Gebiet des Senegals ist bereits seit dem 12. Jahrhundert ein Teil der islamischen Welt. Auch heute bekennen sich mehr als 90 Prozent der 12 Millionen Einwohner zum Islam. Die Region wurde zunächst von unterschiedlichen Völkern beherrscht. Im Jahr 1895 wurde das Gebiet zu einer französischen Kolonie. Am 20. August 1960 rief der Senegal seine Unabhängigkeit aus. Das Mehrparteiensystem aus der Kolonialzeit wurde beibehalten. Damit wurde der Senegal zu einem der wenigen demokratischen Staaten des afrikanischen Kontinents. Die durch die Kolonialzeit bedingte Abhängigkeit von wenigen Exportgütern wie Erdnüssen, Phosphaten und Fisch, das rasche Bevölkerungswachstum und die hohe Staatsverschuldung führten ab den 1980er Jahren zu Verarmung der Bevölkerung und zu wachsenden sozialen Spannungen, zu denen seit 1982 auch die Sezessionsbestrebungen in der Casamance kommen. Somit wurde der Senegal abhängig von Krediten der Industrie- und Erdölländer sowie der Entwicklungshilfe.

Sierra-Leone

Republik, unabhängig seit
1961
Region: West-Afrika
Fläche: 71.740 km²
Hauptstadt: Freetown

Sierra-Leone ist ein unitaristischer Staat in Westafrika, der an Guinea, Liberia und den Atlantik grenzt. Die Hauptstadt und größte Stadt des Landes ist Freetown. Im 17. Jahrhundert dominierten die Engländer den Sklavenhandel an der sierra-leonischen Küste, obwohl zunächst mit Holz und Elfenbein gehandelt worden ist. 1808 wurde die Halbinsel formell zur britischen Kronkolonie. Nachdem das Land 1961 die Unabhängigkeit von Großbritannien erlangte, wurde es knapp zehn Jahre später, nach heftigen Kontroversen, zur Republik erklärt.

Im letzten Bürgerkrieg (1999-2002) gab es zehntausende Tote. In weiterer Folge kam es zur Umsiedlung von mehr als 2 Millionen Menschen, also etwa einem Drittel der Bevölkerung. Das Land ist seither mit seinem Wiederaufbau und der Aufarbeitung der jüngeren Geschichte beschäftigt.

Die ehemalige britische Kolonie ist heute hoch verschuldet und hat mit großer Armut zu kämpfen: Das Land belegt seit Jahren den letzten Platz auf der Liste des UNDP (United Nations Development Programme). Die 2014 ausgebrochene Ebola-Epidemie hat die humanitäre Notlage weiter verschlimmert.

Somalia

Republik, unabhängig seit
1960
Region: Ost-Afrika
Fläche: 637.657 km²
Hauptstadt: Mogadischu

Die Bundesrepublik Somalia bezeichnet einen föderalen Staat im äußersten Osten Afrikas am Horn von Afrika. Der Name ist vom Volk der Somali abgeleitet, das die Bevölkerungsmehrheit bildet und auch in den Nachbarländern ansässig ist.

Somalia entstand aus dem Zusammenschluss der Kolonialgebiete Britisch- und Italienisch-Somaliland, die 1960 gemeinsam unabhängig wurden. Das Staatsgebiet grenzt an den Indischen Ozean im Osten, den Golf von Aden im Norden, Dschibuti und Äthiopien im Westen und Kenia im Süden. Nach dem Sturz der autoritären Regierung unter Siad Barre 1991 existierte aufgrund des noch andauernden Bürgerkrieges mehr als 20 Jahre lang keine funktionierende Zentralregierung mehr. Die ab dem Jahr 2000 unter dem Schutz der internationalen Staatengemeinschaft gebildeten Übergangsregierungen blieben weitgehend erfolglos. Weite Teile des Landes fielen in die Hände lokaler Clans, Kriegsherren, radikal-islamistischer Gruppen oder Piraten.

Auf dem Staatsgebiet haben sich verschiedene Regimes gebildet. Von diesen strebt jedoch nur Somaliland im Nordwesten seit 1991 nach internationaler Anerkennung als eigenständige Nation. Die übrigen Teilstaaten, darunter Puntland, Galmudug und Azania, beanspruchten zwar Autonomie, haben die Idee des gemeinsamen somalischen Staates aber nicht aufgegeben. Mit Inkrafttreten der neuen Verfassung am 1. August 2012 sind diese autonomen Teilstaaten nun Mitglieder der neuen Bundesrepublik Somalia. Erfolge gegen die radikal-islamistischen Milizen im Jahr 2012 ermöglichten es, im August 2012 erstmals auch wieder eine gemeinsame somalische Regierung zu wählen und mit der Reorganisation staatlicher Strukturen zu beauftragen, die zunehmend von anderen Staaten und internationalen Organisationen als Vertretung Somalias anerkannt wird.

Syrien

Republik, unabhängig seit
1941
Region: Vorder-Asien
Fläche: 185.180 km²
Hauptstadt: Damaskus

Bis jetzt (Frühjahr 2016) hat der Syrien-Krieg mehr als eine Viertelmillion Menschenleben gefordert und die Hälfte der Bevölkerung zu Flüchtlingen gemacht. Zwischen dem Scheitern der Genfer Syrien-Verhandlungen Anfang 2014 und neuen diplomatischen Initiativen Ende 2015 waren die Ereignisse in Syrien fast zwei Jahre lang durch permanente Kämpfe geprägt. Die Frontlinien haben sich festgefressen, mit wenigen Ausnahmen. Der Aufbau einer Zivilverwaltung in den von Rebellen kontrollierten Gebieten wird weiterhin durch das Abwerfen von Fassbomben auf Wohngebiete erschwert.

Das syrische Regime unter Präsident Baschar al-Assad konnte einen schmalen Streifen wichtiger Städte im Westen des Landes und das Alawitengebirge im Nordwesten halten. Seine Armee kämpft mit Verbänden der schiitischen Hisbollah-Miliz aus dem Libanon und schiitischen Milizen aus dem Irak, unterstützt von iranischen Militärberatern, gegen gemäßigte und islamistische Rebellen, die sich immer wieder zu neuen Gruppen und Verbänden formieren. Zugleich konnten sich die beiden konkurrierenden Al-Qaida-nahen Organisationen, der IS und Jabhat al-Nusra (JaN), auf dem Schlachtfeld behaupten.

Bis zu Beginn der Unruhen Mitte März 2011 glaubten viele Beobachter nicht an eine Revolte in Syrien. Ideologisch war das Volk in der Tat näher am Regime als in den pro-westlichen Autokratien von Tunesien oder Ägypten verankert.

Doch auch in Syrien hatte sich die Wut auf Korruption, Willkürherrschaft und schlechte Lebensbedingungen angestaut und vor allem war durch die Bilder von mutigen Demonstrationen in Tunesien, Ägypten und Libyen die Angst vor dem Regime geschwunden.